U0817040

# 中华人民共和国
# 新法规汇编

2021

第9辑

司法部 编

中国法制出版社

# 编辑说明

一、《中华人民共和国新法规汇编》是国家出版的法律、行政法规汇编正式版本，是刊登报国务院备案并予以登记的部门规章的指定出版物。

二、本汇编收集的内容包括：上一个月内由全国人民代表大会及其常务委员会通过的法律和有关法律问题的决定，国务院公布的行政法规和国务院文件，报国务院备案并予以登记的部门规章，最高人民法院和最高人民检察院公布的司法解释。另外，还收入了上一个月内报国务院备案并予以登记的地方性法规和地方政府规章目录。

三、本汇编所收的内容，按下列分类顺序编排：法律，行政法规，国务院文件，国务院部门规章，司法解释。每类中按公布的时间顺序排列。报国务院备案并予以登记的地方性法规和地方政府规章目录按1987年国务院批准的行政区划顺序排列；同一行政区域报备两件以上者，按公布时间顺序排列。

四、本汇编每年出版12辑，每月出版1辑。本辑为2021年度第9辑，收入2021年8月份内公布的法律6件、国务院文件3件、报国务院备案并经审查予以登记编号的部门规章9件、司法解释1件，补收2021年7月份内公布的行政法规2件、国务院文件4件，共计25件。

五、本汇编在编辑出版过程中，得到了国务院有关部门和有关方面以及广大读者的大力支持和协助，在此谨致谢意。

司法部

2021年9月

# 目　　录

编辑说明 …………………………………………………………… (*1*)

## 法　　律

中华人民共和国个人信息保护法 ……………………………… (1)
中华人民共和国监察官法 …………………………………… (16)
中华人民共和国法律援助法 ………………………………… (28)
中华人民共和国医师法 ……………………………………… (40)
中华人民共和国兵役法 ……………………………………… (56)
中华人民共和国人口与计划生育法 ………………………… (68)

## 行政法规

关键信息基础设施安全保护条例 …………………………… (77)
中华人民共和国市场主体登记管理条例 …………………… (86)

## 国务院文件

国务院办公厅关于完善科技成果评价机制的指导意见 …… (98)
国务院关于印发全民健身计划（2021—2025 年）的通知 ………………………………………………………… (103)
国务院办公厅关于加快农村寄递物流体系建设的意见 …… (109)
国务院办公厅关于进一步规范财务审计秩序促进注册会计师行业健康发展的意见 ………………………………… (113)

国务院印发关于推进自由贸易试验区贸易投资便利化改革创新若干措施的通知 ……………………………… (119)
国务院办公厅关于改革完善中央财政科研经费管理的若干意见 ………………………………………… (124)
国务院关于印发“十四五”就业促进规划的通知………… (131)

## 国务院部门规章

铁路无线电管理办法 ………………………………… (158)
税务稽查案件办理程序规定 …………………………… (165)
证券期货违法行为行政处罚办法 ……………………… (181)
交通运输部关于废止《中华人民共和国交通部拆解船舶监督管理规则》的决定 ………………………… (189)
再保险业务管理规定 ………………………………… (189)
市场监督管理严重违法失信名单管理办法 …………… (197)
市场监督管理行政处罚信息公示规定 ………………… (204)
城镇供水定价成本监审办法 ………………………… (207)
城镇供水价格管理办法 ……………………………… (216)

## 司法解释

最高人民法院 最高人民检察院关于办理窝藏、包庇刑事案件适用法律若干问题的解释 …………………… (223)

**附：**

2021 年 8 月份报国务院备案并予以登记的地方性法规、自治条例、单行条例和地方政府规章目录 ………… (226)

# 法　　律

## 中华人民共和国个人信息保护法

（2021年8月20日第十三届全国人民代表大会常务委员会第三十次会议通过　2021年8月20日中华人民共和国主席令第91号公布　自2021年11月1日起施行）

### 目　　录

第一章　总　　则
第二章　个人信息处理规则
　第一节　一般规定
　第二节　敏感个人信息的处理规则
　第三节　国家机关处理个人信息的特别规定
第三章　个人信息跨境提供的规则
第四章　个人在个人信息处理活动中的权利
第五章　个人信息处理者的义务
第六章　履行个人信息保护职责的部门
第七章　法律责任
第八章　附　　则

### 第一章　总　　则

**第一条**　为了保护个人信息权益，规范个人信息处理活动，促进个人信息合理利用，根据宪法，制定本法。

**第二条** 自然人的个人信息受法律保护，任何组织、个人不得侵害自然人的个人信息权益。

**第三条** 在中华人民共和国境内处理自然人个人信息的活动，适用本法。

在中华人民共和国境外处理中华人民共和国境内自然人个人信息的活动，有下列情形之一的，也适用本法：

（一）以向境内自然人提供产品或者服务为目的；

（二）分析、评估境内自然人的行为；

（三）法律、行政法规规定的其他情形。

**第四条** 个人信息是以电子或者其他方式记录的与已识别或者可识别的自然人有关的各种信息，不包括匿名化处理后的信息。

个人信息的处理包括个人信息的收集、存储、使用、加工、传输、提供、公开、删除等。

**第五条** 处理个人信息应当遵循合法、正当、必要和诚信原则，不得通过误导、欺诈、胁迫等方式处理个人信息。

**第六条** 处理个人信息应当具有明确、合理的目的，并应当与处理目的直接相关，采取对个人权益影响最小的方式。

收集个人信息，应当限于实现处理目的的最小范围，不得过度收集个人信息。

**第七条** 处理个人信息应当遵循公开、透明原则，公开个人信息处理规则，明示处理的目的、方式和范围。

**第八条** 处理个人信息应当保证个人信息的质量，避免因个人信息不准确、不完整对个人权益造成不利影响。

**第九条** 个人信息处理者应当对其个人信息处理活动负责，并采取必要措施保障所处理的个人信息的安全。

**第十条** 任何组织、个人不得非法收集、使用、加工、传输他人个人信息，不得非法买卖、提供或者公开他人个人信息；不得从事危害国家安全、公共利益的个人信息处理活动。

**第十一条** 国家建立健全个人信息保护制度，预防和惩治侵害个人信息权益的行为，加强个人信息保护宣传教育，推动形成政府、企业、相关社会组织、公众共同参与个人信息保护的良好环境。

**第十二条** 国家积极参与个人信息保护国际规则的制定，促进个人信息保护方面的国际交流与合作，推动与其他国家、地区、国际组织之间的个人信息保护规则、标准等互认。

## 第二章 个人信息处理规则

### 第一节 一般规定

**第十三条** 符合下列情形之一的，个人信息处理者方可处理个人信息：

（一）取得个人的同意；

（二）为订立、履行个人作为一方当事人的合同所必需，或者按照依法制定的劳动规章制度和依法签订的集体合同实施人力资源管理所必需；

（三）为履行法定职责或者法定义务所必需；

（四）为应对突发公共卫生事件，或者紧急情况下为保护自然人的生命健康和财产安全所必需；

（五）为公共利益实施新闻报道、舆论监督等行为，在合理的范围内处理个人信息；

（六）依照本法规定在合理的范围内处理个人自行公开或者其他已经合法公开的个人信息；

（七）法律、行政法规规定的其他情形。

依照本法其他有关规定，处理个人信息应当取得个人同意，但是有前款第二项至第七项规定情形的，不需取得个人同意。

**第十四条** 基于个人同意处理个人信息的，该同意应当由个人在充分知情的前提下自愿、明确作出。法律、行政法规规定处理个人信息应当取得个人单独同意或者书面同意的,从其规定。

个人信息的处理目的、处理方式和处理的个人信息种类发生变更的,应当重新取得个人同意。

**第十五条** 基于个人同意处理个人信息的,个人有权撤回其同意。个人信息处理者应当提供便捷的撤回同意的方式。

个人撤回同意,不影响撤回前基于个人同意已进行的个人信息处理活动的效力。

**第十六条** 个人信息处理者不得以个人不同意处理其个人信息或者撤回同意为由,拒绝提供产品或者服务;处理个人信息属于提供产品或者服务所必需的除外。

**第十七条** 个人信息处理者在处理个人信息前,应当以显著方式、清晰易懂的语言真实、准确、完整地向个人告知下列事项:

(一)个人信息处理者的名称或者姓名和联系方式;

(二)个人信息的处理目的、处理方式,处理的个人信息种类、保存期限;

(三)个人行使本法规定权利的方式和程序;

(四)法律、行政法规规定应当告知的其他事项。

前款规定事项发生变更的,应当将变更部分告知个人。

个人信息处理者通过制定个人信息处理规则的方式告知第一款规定事项的,处理规则应当公开,并且便于查阅和保存。

**第十八条** 个人信息处理者处理个人信息,有法律、行政法规规定应当保密或者不需要告知的情形的,可以不向个人告知前条第一款规定的事项。

紧急情况下为保护自然人的生命健康和财产安全无法及时向个人告知的,个人信息处理者应当在紧急情况消除后及时告知。

**第十九条** 除法律、行政法规另有规定外,个人信息的保存期限应当为实现处理目的所必要的最短时间。

**第二十条** 两个以上的个人信息处理者共同决定个人信息的处理目的和处理方式的,应当约定各自的权利和义务。但是,该约定不影响个人向其中任何一个个人信息处理者要求行使本法规定的权利。

个人信息处理者共同处理个人信息，侵害个人信息权益造成损害的，应当依法承担连带责任。

**第二十一条** 个人信息处理者委托处理个人信息的，应当与受托人约定委托处理的目的、期限、处理方式、个人信息的种类、保护措施以及双方的权利和义务等，并对受托人的个人信息处理活动进行监督。

受托人应当按照约定处理个人信息，不得超出约定的处理目的、处理方式等处理个人信息；委托合同不生效、无效、被撤销或者终止的，受托人应当将个人信息返还个人信息处理者或者予以删除，不得保留。

未经个人信息处理者同意，受托人不得转委托他人处理个人信息。

**第二十二条** 个人信息处理者因合并、分立、解散、被宣告破产等原因需要转移个人信息的，应当向个人告知接收方的名称或者姓名和联系方式。接收方应当继续履行个人信息处理者的义务。接收方变更原先的处理目的、处理方式的，应当依照本法规定重新取得个人同意。

**第二十三条** 个人信息处理者向其他个人信息处理者提供其处理的个人信息的，应当向个人告知接收方的名称或者姓名、联系方式、处理目的、处理方式和个人信息的种类，并取得个人的单独同意。接收方应当在上述处理目的、处理方式和个人信息的种类等范围内处理个人信息。接收方变更原先的处理目的、处理方式的，应当依照本法规定重新取得个人同意。

**第二十四条** 个人信息处理者利用个人信息进行自动化决策，应当保证决策的透明度和结果公平、公正，不得对个人在交易价格等交易条件上实行不合理的差别待遇。

通过自动化决策方式向个人进行信息推送、商业营销，应当同时提供不针对其个人特征的选项，或者向个人提供便捷的拒绝方式。

通过自动化决策方式作出对个人权益有重大影响的决定，个人有权要求个人信息处理者予以说明，并有权拒绝个人信息处理者仅通过自动化决策的方式作出决定。

**第二十五条** 个人信息处理者不得公开其处理的个人信息，取得个人单独同意的除外。

**第二十六条** 在公共场所安装图像采集、个人身份识别设备，应当为维护公共安全所必需，遵守国家有关规定，并设置显著的提示标识。所收集的个人图像、身份识别信息只能用于维护公共安全的目的，不得用于其他目的；取得个人单独同意的除外。

**第二十七条** 个人信息处理者可以在合理的范围内处理个人自行公开或者其他已经合法公开的个人信息；个人明确拒绝的除外。个人信息处理者处理已公开的个人信息，对个人权益有重大影响的，应当依照本法规定取得个人同意。

## 第二节 敏感个人信息的处理规则

**第二十八条** 敏感个人信息是一旦泄露或者非法使用，容易导致自然人的人格尊严受到侵害或者人身、财产安全受到危害的个人信息，包括生物识别、宗教信仰、特定身份、医疗健康、金融账户、行踪轨迹等信息，以及不满十四周岁未成年人的个人信息。

只有在具有特定的目的和充分的必要性，并采取严格保护措施的情形下，个人信息处理者方可处理敏感个人信息。

**第二十九条** 处理敏感个人信息应当取得个人的单独同意；法律、行政法规规定处理敏感个人信息应当取得书面同意的，从其规定。

**第三十条** 个人信息处理者处理敏感个人信息的，除本法第十七条第一款规定的事项外，还应当向个人告知处理敏感个人信息的必要性以及对个人权益的影响；依照本法规定可以不向个人告知的除外。

**第三十一条** 个人信息处理者处理不满十四周岁未成年人个人信息的,应当取得未成年人的父母或者其他监护人的同意。

个人信息处理者处理不满十四周岁未成年人个人信息的,应当制定专门的个人信息处理规则。

**第三十二条** 法律、行政法规对处理敏感个人信息规定应当取得相关行政许可或者作出其他限制的,从其规定。

### 第三节 国家机关处理个人信息的特别规定

**第三十三条** 国家机关处理个人信息的活动,适用本法;本节有特别规定的,适用本节规定。

**第三十四条** 国家机关为履行法定职责处理个人信息,应当依照法律、行政法规规定的权限、程序进行,不得超出履行法定职责所必需的范围和限度。

**第三十五条** 国家机关为履行法定职责处理个人信息,应当依照本法规定履行告知义务;有本法第十八条第一款规定的情形,或者告知将妨碍国家机关履行法定职责的除外。

**第三十六条** 国家机关处理的个人信息应当在中华人民共和国境内存储;确需向境外提供的,应当进行安全评估。安全评估可以要求有关部门提供支持与协助。

**第三十七条** 法律、法规授权的具有管理公共事务职能的组织为履行法定职责处理个人信息,适用本法关于国家机关处理个人信息的规定。

## 第三章 个人信息跨境提供的规则

**第三十八条** 个人信息处理者因业务等需要,确需向中华人民共和国境外提供个人信息的,应当具备下列条件之一:

(一)依照本法第四十条的规定通过国家网信部门组织的安全

评估；

（二）按照国家网信部门的规定经专业机构进行个人信息保护认证；

（三）按照国家网信部门制定的标准合同与境外接收方订立合同，约定双方的权利和义务；

（四）法律、行政法规或者国家网信部门规定的其他条件。

中华人民共和国缔结或者参加的国际条约、协定对向中华人民共和国境外提供个人信息的条件等有规定的，可以按照其规定执行。

个人信息处理者应当采取必要措施，保障境外接收方处理个人信息的活动达到本法规定的个人信息保护标准。

**第三十九条**　个人信息处理者向中华人民共和国境外提供个人信息的，应当向个人告知境外接收方的名称或者姓名、联系方式、处理目的、处理方式、个人信息的种类以及个人向境外接收方行使本法规定权利的方式和程序等事项，并取得个人的单独同意。

**第四十条**　关键信息基础设施运营者和处理个人信息达到国家网信部门规定数量的个人信息处理者，应当将在中华人民共和国境内收集和产生的个人信息存储在境内。确需向境外提供的，应当通过国家网信部门组织的安全评估；法律、行政法规和国家网信部门规定可以不进行安全评估的，从其规定。

**第四十一条**　中华人民共和国主管机关根据有关法律和中华人民共和国缔结或者参加的国际条约、协定，或者按照平等互惠原则，处理外国司法或者执法机构关于提供存储于境内个人信息的请求。非经中华人民共和国主管机关批准，个人信息处理者不得向外国司法或者执法机构提供存储于中华人民共和国境内的个人信息。

**第四十二条**　境外的组织、个人从事侵害中华人民共和国公民的个人信息权益，或者危害中华人民共和国国家安全、公共利益的个人信息处理活动的，国家网信部门可以将其列入限制或者禁止个人信息提供清单，予以公告，并采取限制或者禁止向其提供个人信息等措施。

**第四十三条** 任何国家或者地区在个人信息保护方面对中华人民共和国采取歧视性的禁止、限制或者其他类似措施的，中华人民共和国可以根据实际情况对该国家或者地区对等采取措施。

## 第四章 个人在个人信息处理活动中的权利

**第四十四条** 个人对其个人信息的处理享有知情权、决定权，有权限制或者拒绝他人对其个人信息进行处理；法律、行政法规另有规定的除外。

**第四十五条** 个人有权向个人信息处理者查阅、复制其个人信息；有本法第十八条第一款、第三十五条规定情形的除外。

个人请求查阅、复制其个人信息的，个人信息处理者应当及时提供。

个人请求将个人信息转移至其指定的个人信息处理者，符合国家网信部门规定条件的，个人信息处理者应当提供转移的途径。

**第四十六条** 个人发现其个人信息不准确或者不完整的，有权请求个人信息处理者更正、补充。

个人请求更正、补充其个人信息的，个人信息处理者应当对其个人信息予以核实，并及时更正、补充。

**第四十七条** 有下列情形之一的，个人信息处理者应当主动删除个人信息；个人信息处理者未删除的，个人有权请求删除：

（一）处理目的已实现、无法实现或者为实现处理目的不再必要；

（二）个人信息处理者停止提供产品或者服务，或者保存期限已届满；

（三）个人撤回同意；

（四）个人信息处理者违反法律、行政法规或者违反约定处理个人信息；

（五）法律、行政法规规定的其他情形。

法律、行政法规规定的保存期限未届满，或者删除个人信息从技术上难以实现的，个人信息处理者应当停止除存储和采取必要的安全保护措施之外的处理。

**第四十八条** 个人有权要求个人信息处理者对其个人信息处理规则进行解释说明。

**第四十九条** 自然人死亡的，其近亲属为了自身的合法、正当利益，可以对死者的相关个人信息行使本章规定的查阅、复制、更正、删除等权利；死者生前另有安排的除外。

**第五十条** 个人信息处理者应当建立便捷的个人行使权利的申请受理和处理机制。拒绝个人行使权利的请求的，应当说明理由。

个人信息处理者拒绝个人行使权利的请求的，个人可以依法向人民法院提起诉讼。

## 第五章 个人信息处理者的义务

**第五十一条** 个人信息处理者应当根据个人信息的处理目的、处理方式、个人信息的种类以及对个人权益的影响、可能存在的安全风险等，采取下列措施确保个人信息处理活动符合法律、行政法规的规定，并防止未经授权的访问以及个人信息泄露、篡改、丢失：

（一）制定内部管理制度和操作规程；

（二）对个人信息实行分类管理；

（三）采取相应的加密、去标识化等安全技术措施；

（四）合理确定个人信息处理的操作权限，并定期对从业人员进行安全教育和培训；

（五）制定并组织实施个人信息安全事件应急预案；

（六）法律、行政法规规定的其他措施。

**第五十二条** 处理个人信息达到国家网信部门规定数量的个人信息处理者应当指定个人信息保护负责人，负责对个人信息处理活动以及采取的保护措施等进行监督。

个人信息处理者应当公开个人信息保护负责人的联系方式，并将个人信息保护负责人的姓名、联系方式等报送履行个人信息保护职责的部门。

**第五十三条** 本法第三条第二款规定的中华人民共和国境外的个人信息处理者，应当在中华人民共和国境内设立专门机构或者指定代表，负责处理个人信息保护相关事务，并将有关机构的名称或者代表的姓名、联系方式等报送履行个人信息保护职责的部门。

**第五十四条** 个人信息处理者应当定期对其处理个人信息遵守法律、行政法规的情况进行合规审计。

**第五十五条** 有下列情形之一的，个人信息处理者应当事前进行个人信息保护影响评估，并对处理情况进行记录：

（一）处理敏感个人信息；

（二）利用个人信息进行自动化决策；

（三）委托处理个人信息、向其他个人信息处理者提供个人信息、公开个人信息；

（四）向境外提供个人信息；

（五）其他对个人权益有重大影响的个人信息处理活动。

**第五十六条** 个人信息保护影响评估应当包括下列内容：

（一）个人信息的处理目的、处理方式等是否合法、正当、必要；

（二）对个人权益的影响及安全风险；

（三）所采取的保护措施是否合法、有效并与风险程度相适应。

个人信息保护影响评估报告和处理情况记录应当至少保存三年。

**第五十七条** 发生或者可能发生个人信息泄露、篡改、丢失的，个人信息处理者应当立即采取补救措施，并通知履行个人信息保护职责的部门和个人。通知应当包括下列事项：

（一）发生或者可能发生个人信息泄露、篡改、丢失的信息种类、原因和可能造成的危害；

（二）个人信息处理者采取的补救措施和个人可以采取的减轻危害的措施；

（三）个人信息处理者的联系方式。

个人信息处理者采取措施能够有效避免信息泄露、篡改、丢失造成危害的，个人信息处理者可以不通知个人；履行个人信息保护职责的部门认为可能造成危害的，有权要求个人信息处理者通知个人。

**第五十八条**　提供重要互联网平台服务、用户数量巨大、业务类型复杂的个人信息处理者，应当履行下列义务：

（一）按照国家规定建立健全个人信息保护合规制度体系，成立主要由外部成员组成的独立机构对个人信息保护情况进行监督；

（二）遵循公开、公平、公正的原则，制定平台规则，明确平台内产品或者服务提供者处理个人信息的规范和保护个人信息的义务；

（三）对严重违反法律、行政法规处理个人信息的平台内的产品或者服务提供者，停止提供服务；

（四）定期发布个人信息保护社会责任报告，接受社会监督。

**第五十九条**　接受委托处理个人信息的受托人，应当依照本法和有关法律、行政法规的规定，采取必要措施保障所处理的个人信息的安全，并协助个人信息处理者履行本法规定的义务。

## 第六章　履行个人信息保护职责的部门

**第六十条**　国家网信部门负责统筹协调个人信息保护工作和

相关监督管理工作。国务院有关部门依照本法和有关法律、行政法规的规定，在各自职责范围内负责个人信息保护和监督管理工作。

县级以上地方人民政府有关部门的个人信息保护和监督管理职责，按照国家有关规定确定。

前两款规定的部门统称为履行个人信息保护职责的部门。

**第六十一条** 履行个人信息保护职责的部门履行下列个人信息保护职责：

（一）开展个人信息保护宣传教育，指导、监督个人信息处理者开展个人信息保护工作；

（二）接受、处理与个人信息保护有关的投诉、举报；

（三）组织对应用程序等个人信息保护情况进行测评，并公布测评结果；

（四）调查、处理违法个人信息处理活动；

（五）法律、行政法规规定的其他职责。

**第六十二条** 国家网信部门统筹协调有关部门依据本法推进下列个人信息保护工作：

（一）制定个人信息保护具体规则、标准；

（二）针对小型个人信息处理者、处理敏感个人信息以及人脸识别、人工智能等新技术、新应用，制定专门的个人信息保护规则、标准；

（三）支持研究开发和推广应用安全、方便的电子身份认证技术，推进网络身份认证公共服务建设；

（四）推进个人信息保护社会化服务体系建设，支持有关机构开展个人信息保护评估、认证服务；

（五）完善个人信息保护投诉、举报工作机制。

**第六十三条** 履行个人信息保护职责的部门履行个人信息保护职责，可以采取下列措施：

（一）询问有关当事人，调查与个人信息处理活动有关的情况；

（二）查阅、复制当事人与个人信息处理活动有关的合同、记录、账簿以及其他有关资料；

（三）实施现场检查，对涉嫌违法的个人信息处理活动进行调查；

（四）检查与个人信息处理活动有关的设备、物品；对有证据证明是用于违法个人信息处理活动的设备、物品，向本部门主要负责人书面报告并经批准，可以查封或者扣押。

履行个人信息保护职责的部门依法履行职责，当事人应当予以协助、配合，不得拒绝、阻挠。

**第六十四条**　履行个人信息保护职责的部门在履行职责中，发现个人信息处理活动存在较大风险或者发生个人信息安全事件的，可以按照规定的权限和程序对该个人信息处理者的法定代表人或者主要负责人进行约谈，或者要求个人信息处理者委托专业机构对其个人信息处理活动进行合规审计。个人信息处理者应当按照要求采取措施，进行整改，消除隐患。

履行个人信息保护职责的部门在履行职责中，发现违法处理个人信息涉嫌犯罪的，应当及时移送公安机关依法处理。

**第六十五条**　任何组织、个人有权对违法个人信息处理活动向履行个人信息保护职责的部门进行投诉、举报。收到投诉、举报的部门应当依法及时处理，并将处理结果告知投诉、举报人。

履行个人信息保护职责的部门应当公布接受投诉、举报的联系方式。

## 第七章　法律责任

**第六十六条**　违反本法规定处理个人信息，或者处理个人信息未履行本法规定的个人信息保护义务的，由履行个人信息保护职责的部门责令改正，给予警告，没收违法所得，对违法处理个人信息的应用程序，责令暂停或者终止提供服务；拒不改正的，并处一百万元以下罚款；对直接负责的主管人员和其他直接责任人员处一万元以上十万元以下罚款。

有前款规定的违法行为，情节严重的，由省级以上履行个人信息保护职责的部门责令改正，没收违法所得，并处五千万元以下或者上一年度营业额百分之五以下罚款，并可以责令暂停相关业务或者停业整顿、通报有关主管部门吊销相关业务许可或者吊销营业执照；对直接负责的主管人员和其他直接责任人员处十万元以上一百万元以下罚款，并可以决定禁止其在一定期限内担任相关企业的董事、监事、高级管理人员和个人信息保护负责人。

**第六十七条** 有本法规定的违法行为的，依照有关法律、行政法规的规定记入信用档案，并予以公示。

**第六十八条** 国家机关不履行本法规定的个人信息保护义务的，由其上级机关或者履行个人信息保护职责的部门责令改正；对直接负责的主管人员和其他直接责任人员依法给予处分。

履行个人信息保护职责的部门的工作人员玩忽职守、滥用职权、徇私舞弊，尚不构成犯罪的，依法给予处分。

**第六十九条** 处理个人信息侵害个人信息权益造成损害，个人信息处理者不能证明自己没有过错的，应当承担损害赔偿等侵权责任。

前款规定的损害赔偿责任按照个人因此受到的损失或者个人信息处理者因此获得的利益确定；个人因此受到的损失和个人信息处理者因此获得的利益难以确定的，根据实际情况确定赔偿数额。

**第七十条** 个人信息处理者违反本法规定处理个人信息，侵害众多个人的权益的，人民检察院、法律规定的消费者组织和由国家网信部门确定的组织可以依法向人民法院提起诉讼。

**第七十一条** 违反本法规定，构成违反治安管理行为的，依法给予治安管理处罚；构成犯罪的，依法追究刑事责任。

## 第八章 附 则

**第七十二条** 自然人因个人或者家庭事务处理个人信息的，不适用本法。

法律对各级人民政府及其有关部门组织实施的统计、档案管理活动中的个人信息处理有规定的，适用其规定。

**第七十三条** 本法下列用语的含义：

（一）个人信息处理者，是指在个人信息处理活动中自主决定处理目的、处理方式的组织、个人。

（二）自动化决策，是指通过计算机程序自动分析、评估个人的行为习惯、兴趣爱好或者经济、健康、信用状况等，并进行决策的活动。

（三）去标识化，是指个人信息经过处理，使其在不借助额外信息的情况下无法识别特定自然人的过程。

（四）匿名化，是指个人信息经过处理无法识别特定自然人且不能复原的过程。

**第七十四条** 本法自2021年11月1日起施行。

# 中华人民共和国监察官法

（2021年8月20日第十三届全国人民代表大会常务委员会第三十次会议通过 2021年8月20日中华人民共和国主席令第92号公布 自2022年1月1日起施行）

目 录

第一章 总 则
第二章 监察官的职责、义务和权利

第三章　监察官的条件和选用
第四章　监察官的任免
第五章　监察官的管理
第六章　监察官的考核和奖励
第七章　监察官的监督和惩戒
第八章　监察官的职业保障
第九章　附　　则

## 第一章　总　　则

**第一条**　为了加强对监察官的管理和监督，保障监察官依法履行职责，维护监察官合法权益，推进高素质专业化监察官队伍建设，推进监察工作规范化、法治化，根据宪法和《中华人民共和国监察法》，制定本法。

**第二条**　监察官的管理和监督坚持中国共产党领导，坚持以马克思列宁主义、毛泽东思想、邓小平理论、“三个代表”重要思想、科学发展观、习近平新时代中国特色社会主义思想为指导，坚持党管干部原则，增强监察官的使命感、责任感、荣誉感，建设忠诚干净担当的监察官队伍。

**第三条**　监察官包括下列人员：

（一）各级监察委员会的主任、副主任、委员；

（二）各级监察委员会机关中的监察人员；

（三）各级监察委员会派驻或者派出到中国共产党机关、国家机关、法律法规授权或者委托管理公共事务的组织和单位以及所管辖的行政区域等的监察机构中的监察人员、监察专员；

（四）其他依法行使监察权的监察机构中的监察人员。

对各级监察委员会派驻到国有企业的监察机构工作人员、监察专员，以及国有企业中其他依法行使监察权的监察机构工作人员的监督管理，参照执行本法有关规定。

**第四条** 监察官应当忠诚坚定、担当尽责、清正廉洁，做严格自律、作风优良、拒腐防变的表率。

**第五条** 监察官应当维护宪法和法律的尊严和权威，以事实为根据，以法律为准绳，客观公正地履行职责，保障当事人的合法权益。

**第六条** 监察官应当严格按照规定的权限和程序履行职责，坚持民主集中制，重大事项集体研究。

**第七条** 监察机关应当建立健全对监察官的监督制度和机制，确保权力受到严格约束。

监察官应当自觉接受组织监督和民主监督、社会监督、舆论监督。

**第八条** 监察官依法履行职责受法律保护，不受行政机关、社会团体和个人的干涉。

## 第二章 监察官的职责、义务和权利

**第九条** 监察官依法履行下列职责：

（一）对公职人员开展廉政教育；

（二）对公职人员依法履职、秉公用权、廉洁从政从业以及道德操守情况进行监督检查；

（三）对法律规定由监察机关管辖的职务违法和职务犯罪进行调查；

（四）根据监督、调查的结果，对办理的监察事项提出处置意见；

（五）开展反腐败国际合作方面的工作；

（六）法律规定的其他职责。

监察官在职权范围内对所办理的监察事项负责。

**第十条** 监察官应当履行下列义务：

（一）自觉坚持中国共产党领导，严格执行中国共产党和国家的路线方针政策、重大决策部署；

（二）模范遵守宪法和法律；

（三）维护国家和人民利益，秉公执法，勇于担当、敢于监督，坚决同腐败现象作斗争；

（四）依法保障监察对象及有关人员的合法权益；

（五）忠于职守，勤勉尽责，努力提高工作质量和效率；

（六）保守国家秘密和监察工作秘密，对履行职责中知悉的商业秘密和个人隐私、个人信息予以保密；

（七）严守纪律，恪守职业道德，模范遵守社会公德、家庭美德；

（八）自觉接受监督；

（九）法律规定的其他义务。

**第十一条** 监察官享有下列权利：

（一）履行监察官职责应当具有的职权和工作条件；

（二）履行监察官职责应当享有的职业保障和福利待遇；

（三）人身、财产和住所安全受法律保护；

（四）提出申诉或者控告；

（五）《中华人民共和国公务员法》等法律规定的其他权利。

## 第三章 监察官的条件和选用

**第十二条** 担任监察官应当具备下列条件：

（一）具有中华人民共和国国籍；

（二）忠于宪法，坚持中国共产党领导和社会主义制度；

（三）具有良好的政治素质、道德品行和廉洁作风；

（四）熟悉法律、法规、政策，具有履行监督、调查、处置等职责的专业知识和能力；

（五）具有正常履行职责的身体条件和心理素质；

（六）具备高等学校本科及以上学历；

（七）法律规定的其他条件。

本法施行前的监察人员不具备前款第六项规定的学历条件的，应当接受培训和考核，具体办法由国家监察委员会制定。

**第十三条** 有下列情形之一的，不得担任监察官：

（一）因犯罪受过刑事处罚，以及因犯罪情节轻微被人民检察院依法作出不起诉决定或者被人民法院依法免予刑事处罚的；

（二）被撤销中国共产党党内职务、留党察看、开除党籍的；

（三）被撤职或者开除公职的；

（四）被依法列为失信联合惩戒对象的；

（五）配偶已移居国（境）外，或者没有配偶但是子女均已移居国（境）外的；

（六）法律规定的其他情形。

**第十四条** 监察官的选用，坚持德才兼备、以德为先，坚持五湖四海、任人唯贤，坚持事业为上、公道正派，突出政治标准，注重工作实绩。

**第十五条** 监察官采用考试、考核的办法，从符合监察官条件的人员中择优选用。

**第十六条** 录用监察官，应当依照法律和国家有关规定采取公开考试、严格考察、平等竞争、择优录取的办法。

**第十七条** 监察委员会可以根据监察工作需要，依照法律和国家有关规定从中国共产党机关、国家机关、事业单位、国有企业等机关、单位从事公务的人员中选择符合任职条件的人员担任监察官。

**第十八条** 监察委员会可以根据监察工作需要，依照法律和国家有关规定在从事与监察机关职能职责相关的职业或者教学、研究的人员中选拔或者聘任符合任职条件的人员担任监察官。

## 第四章 监察官的任免

**第十九条** 国家监察委员会主任由全国人民代表大会选举和

罢免，副主任、委员由国家监察委员会主任提请全国人民代表大会常务委员会任免。

地方各级监察委员会主任由本级人民代表大会选举和罢免，副主任、委员由监察委员会主任提请本级人民代表大会常务委员会任免。

新疆生产建设兵团各级监察委员会主任、副主任、委员，由新疆维吾尔自治区监察委员会主任提请自治区人民代表大会常务委员会任免。

其他监察官的任免，按照管理权限和规定的程序办理。

**第二十条** 监察官就职时应当依照法律规定进行宪法宣誓。

**第二十一条** 监察官有下列情形之一的，应当免去其监察官职务：

（一）丧失中华人民共和国国籍的；

（二）职务变动不需要保留监察官职务的；

（三）退休的；

（四）辞职或者依法应当予以辞退的；

（五）因违纪违法被调离或者开除的；

（六）法律规定的其他情形。

**第二十二条** 监察官不得兼任人民代表大会常务委员会的组成人员，不得兼任行政机关、审判机关、检察机关的职务，不得兼任企业或者其他营利性组织、事业单位的职务，不得兼任人民陪审员、人民监督员、执业律师、仲裁员和公证员。

监察官因工作需要兼职的，应当按照管理权限批准，但是不得领取兼职报酬。

**第二十三条** 监察官担任县级、设区的市级监察委员会主任的，应当按照有关规定实行地域回避。

**第二十四条** 监察官之间有夫妻关系、直系血亲关系、三代以内旁系血亲以及近姻亲关系的，不得同时担任下列职务：

（一）同一监察委员会的主任、副主任、委员，上述人员和其他监察官；

（二）监察委员会机关同一部门的监察官；

（三）同一派驻机构、派出机构或者其他监察机构的监察官；

（四）上下相邻两级监察委员会的主任、副主任、委员。

## 第五章 监察官的管理

**第二十五条** 监察官等级分为十三级，依次为总监察官、一级副总监察官、二级副总监察官，一级高级监察官、二级高级监察官、三级高级监察官、四级高级监察官，一级监察官、二级监察官、三级监察官、四级监察官、五级监察官、六级监察官。

**第二十六条** 国家监察委员会主任为总监察官。

**第二十七条** 监察官等级的确定，以监察官担任的职务职级、德才表现、业务水平、工作实绩和工作年限等为依据。

监察官等级晋升采取按期晋升和择优选升相结合的方式，特别优秀或者作出特别贡献的，可以提前选升。

**第二十八条** 监察官的等级设置、确定和晋升的具体办法，由国家另行规定。

**第二十九条** 初任监察官实行职前培训制度。

**第三十条** 对监察官应当有计划地进行政治、理论和业务培训。

培训应当突出政治机关特色，坚持理论联系实际、按需施教、讲求实效，提高专业能力。

监察官培训情况，作为监察官考核的内容和任职、等级晋升的依据之一。

**第三十一条** 监察官培训机构按照有关规定承担培训监察官的任务。

**第三十二条** 国家加强监察学科建设，鼓励具备条件的普通高等学校设置监察专业或者开设监察课程，培养德才兼备的高素质监察官后备人才，提高监察官的专业能力。

**第三十三条** 监察官依照法律和国家有关规定实行任职交流。

**第三十四条** 监察官申请辞职，应当由本人书面提出，按照管理权限批准后，依照规定的程序免去其职务。

**第三十五条** 监察官有依法应当予以辞退情形的，依照规定的程序免去其职务。

辞退监察官应当按照管理权限决定。辞退决定应当以书面形式通知被辞退的监察官，并列明作出决定的理由和依据。

## 第六章 监察官的考核和奖励

**第三十六条** 对监察官的考核，应当全面、客观、公正，实行平时考核、专项考核和年度考核相结合。

**第三十七条** 监察官的考核应当按照管理权限，全面考核监察官的德、能、勤、绩、廉，重点考核政治素质、工作实绩和廉洁自律情况。

**第三十八条** 年度考核结果分为优秀、称职、基本称职和不称职四个等次。

考核结果作为调整监察官等级、工资以及监察官奖惩、免职、降职、辞退的依据。

**第三十九条** 年度考核结果以书面形式通知监察官本人。监察官对考核结果如果有异议，可以申请复核。

**第四十条** 对在监察工作中有显著成绩和贡献，或者有其他突出事迹的监察官、监察官集体，给予奖励。

**第四十一条** 监察官有下列表现之一的，给予奖励：

（一）履行监督职责，成效显著的；

（二）在调查、处置职务违法和职务犯罪工作中，做出显著成绩和贡献的；

（三）提出有价值的监察建议，对防止和消除重大风险隐患效果显著的；

（四）研究监察理论、总结监察实践经验成果突出，对监察工作有指导作用的；

（五）有其他功绩的。

监察官的奖励按照有关规定办理。

## 第七章　监察官的监督和惩戒

**第四十二条**　监察机关应当规范工作流程，加强内部监督制约机制建设，强化对监察官执行职务和遵守法律情况的监督。

**第四十三条**　任何单位和个人对监察官的违纪违法行为，有权检举、控告。受理检举、控告的机关应当及时调查处理，并将结果告知检举人、控告人。

对依法检举、控告的单位和个人，任何人不得压制和打击报复。

**第四十四条**　对于审判机关、检察机关、执法部门等移送的监察官违纪违法履行职责的问题线索，监察机关应当及时调查处理。

**第四十五条**　监察委员会根据工作需要，按照规定从各方面代表中聘请特约监察员等监督人员，对监察官履行职责情况进行监督，提出加强和改进监察工作的意见、建议。

**第四十六条**　监察官不得打听案情、过问案件、说情干预。对于上述行为，办理监察事项的监察官应当及时向上级报告。有关情况应当登记备案。

办理监察事项的监察官未经批准不得接触被调查人、涉案人员及其特定关系人，或者与其进行交往。对于上述行为，知悉情况的监察官应当及时向上级报告。有关情况应当登记备案。

**第四十七条**　办理监察事项的监察官有下列情形之一的，应当自行回避，监察对象、检举人、控告人及其他有关人员也有权要

求其回避;没有主动申请回避的,监察机关应当依法决定其回避:

(一)是监察对象或者检举人、控告人的近亲属的;

(二)担任过本案的证人的;

(三)本人或者其近亲属与办理的监察事项有利害关系的;

(四)有可能影响监察事项公正处理的其他情形的。

**第四十八条** 监察官应当严格执行保密制度,控制监察事项知悉范围和时间,不得私自留存、隐匿、查阅、摘抄、复制、携带问题线索和涉案资料,严禁泄露监察工作秘密。

监察官离岗离职后,应当遵守脱密期管理规定,严格履行保密义务,不得泄露相关秘密。

**第四十九条** 监察官离任三年内,不得从事与监察和司法工作相关联且可能发生利益冲突的职业。

监察官离任后,不得担任原任职监察机关办理案件的诉讼代理人或者辩护人,但是作为当事人的监护人或者近亲属代理诉讼、进行辩护的除外。

监察官被开除后,不得担任诉讼代理人或者辩护人,但是作为当事人的监护人或者近亲属代理诉讼、进行辩护的除外。

**第五十条** 监察官应当遵守有关规范领导干部配偶、子女及其配偶经商办企业行为的规定。违反规定的,予以处理。

**第五十一条** 监察官的配偶、父母、子女及其配偶不得以律师身份担任该监察官所任职监察机关办理案件的诉讼代理人、辩护人,或者提供其他有偿法律服务。

**第五十二条** 监察官有下列行为之一的,依法给予处理;构成犯罪的,依法追究刑事责任:

(一)贪污贿赂的;

(二)不履行或者不正确履行监督职责,应当发现的问题没有发现,或者发现问题不报告、不处置,造成恶劣影响的;

(三)未经批准、授权处置问题线索,发现重大案情隐瞒不报,或者私自留存、处理涉案材料的;

（四）利用职权或者职务上的影响干预调查工作、以案谋私的；

（五）窃取、泄露调查工作信息，或者泄露举报事项、举报受理情况以及举报人信息的；

（六）隐瞒、伪造、变造、故意损毁证据、案件材料的；

（七）对被调查人或者涉案人员逼供、诱供，或者侮辱、打骂、虐待、体罚、变相体罚的；

（八）违反规定采取调查措施或者处置涉案财物的；

（九）违反规定发生办案安全事故，或者发生安全事故后隐瞒不报、报告失实、处置不当的；

（十）其他职务违法犯罪行为。

监察官有其他违纪违法行为，影响监察官队伍形象，损害国家和人民利益的，依法追究相应责任。

**第五十三条** 监察官涉嫌违纪违法，已经被立案审查、调查、侦查，不宜继续履行职责的，按照管理权限和规定的程序暂时停止其履行职务。

**第五十四条** 实行监察官责任追究制度，对滥用职权、失职失责造成严重后果的，终身追究责任或者进行问责。

监察官涉嫌严重职务违法、职务犯罪或者对案件处置出现重大失误的，应当追究负有责任的领导人员和直接责任人员的责任。

## 第八章 监察官的职业保障

**第五十五条** 除下列情形外，不得将监察官调离：

（一）按规定需要任职回避的；

（二）按规定实行任职交流的；

（三）因机构、编制调整需要调整工作的；

（四）因违纪违法不适合继续从事监察工作的；

（五）法律规定的其他情形。

**第五十六条** 任何单位或者个人不得要求监察官从事超出法

定职责范围的事务。

对任何干涉监察官依法履职的行为，监察官有权拒绝并予以全面如实记录和报告；有违纪违法情形的，由有关机关根据情节轻重追究有关人员的责任。

**第五十七条** 监察官的职业尊严和人身安全受法律保护。

任何单位和个人不得对监察官及其近亲属打击报复。

对监察官及其近亲属实施报复陷害、侮辱诽谤、暴力侵害、威胁恐吓、滋事骚扰等违法犯罪行为的，应当依法从严惩治。

**第五十八条** 监察官因依法履行职责遭受不实举报、诬告陷害、侮辱诽谤，致使名誉受到损害的，监察机关应当会同有关部门及时澄清事实，消除不良影响，并依法追究相关单位或者个人的责任。

**第五十九条** 监察官因依法履行职责，本人及其近亲属人身安全面临危险的，监察机关、公安机关应当对监察官及其近亲属采取人身保护、禁止特定人员接触等必要保护措施。

**第六十条** 监察官实行国家规定的工资制度，享受监察官等级津贴和其他津贴、补贴、奖金、保险、福利待遇。监察官的工资及等级津贴制度，由国家另行规定。

**第六十一条** 监察官因公致残的，享受国家规定的伤残待遇。监察官因公牺牲或者病故的，其亲属享受国家规定的抚恤和优待。

**第六十二条** 监察官退休后，享受国家规定的养老金和其他待遇。

**第六十三条** 对于国家机关及其工作人员侵犯监察官权利的行为，监察官有权提出控告。

受理控告的机关应当依法调查处理，并将调查处理结果及时告知本人。

**第六十四条** 监察官对涉及本人的政务处分、处分和人事处理不服的，可以依照规定的程序申请复审、复核，提出申诉。

**第六十五条** 对监察官的政务处分、处分或者人事处理错误的，应当及时予以纠正；造成名誉损害的，应当恢复名誉、消除影响、赔礼道歉；造成经济损失的，应当赔偿。对打击报复的直接责任人员，应当依法追究其责任。

## 第九章　附　则

**第六十六条**　有关监察官的权利、义务和管理制度，本法已有规定的，适用本法的规定；本法未作规定的，适用《中华人民共和国公务员法》等法律法规的规定。

**第六十七条**　中国人民解放军和中国人民武装警察部队的监察官制度，按照国家和军队有关规定执行。

**第六十八条**　本法自2022年1月1日起施行。

# 中华人民共和国法律援助法

（2021年8月20日第十三届全国人民代表大会常务委员会第三十次会议通过　2021年8月20日中华人民共和国主席令第93号公布　自2022年1月1日起施行）

## 目　录

第一章　总　　则
第二章　机构和人员
第三章　形式和范围
第四章　程序和实施
第五章　保障和监督
第六章　法律责任
第七章　附　　则

## 第一章　总　　则

**第一条**　为了规范和促进法律援助工作，保障公民和有关当事人的合法权益，保障法律正确实施，维护社会公平正义，制定本法。

**第二条**　本法所称法律援助，是国家建立的为经济困难公民和符合法定条件的其他当事人无偿提供法律咨询、代理、刑事辩护等法律服务的制度，是公共法律服务体系的组成部分。

**第三条**　法律援助工作坚持中国共产党领导，坚持以人民为中心，尊重和保障人权，遵循公开、公平、公正的原则，实行国家保障与社会参与相结合。

**第四条**　县级以上人民政府应当将法律援助工作纳入国民经济和社会发展规划、基本公共服务体系，保障法律援助事业与经济社会协调发展。

县级以上人民政府应当健全法律援助保障体系，将法律援助相关经费列入本级政府预算，建立动态调整机制，保障法律援助工作需要，促进法律援助均衡发展。

**第五条**　国务院司法行政部门指导、监督全国的法律援助工作。县级以上地方人民政府司法行政部门指导、监督本行政区域的法律援助工作。

县级以上人民政府其他有关部门依照各自职责，为法律援助工作提供支持和保障。

**第六条**　人民法院、人民检察院、公安机关应当在各自职责范围内保障当事人依法获得法律援助，为法律援助人员开展工作提供便利。

**第七条**　律师协会应当指导和支持律师事务所、律师参与法律援助工作。

**第八条**　国家鼓励和支持群团组织、事业单位、社会组织在司法行政部门指导下，依法提供法律援助。

**第九条**　国家鼓励和支持企业事业单位、社会组织和个人等社会力量，依法通过捐赠等方式为法律援助事业提供支持；对符合条件的，给予税收优惠。

**第十条**　司法行政部门应当开展经常性的法律援助宣传教育，普及法律援助知识。

新闻媒体应当积极开展法律援助公益宣传，并加强舆论监督。

**第十一条**　国家对在法律援助工作中做出突出贡献的组织和个人，按照有关规定给予表彰、奖励。

## 第二章　机构和人员

**第十二条**　县级以上人民政府司法行政部门应当设立法律援助机构。法律援助机构负责组织实施法律援助工作，受理、审查法律援助申请，指派律师、基层法律服务工作者、法律援助志愿者等法律援助人员提供法律援助，支付法律援助补贴。

**第十三条**　法律援助机构根据工作需要，可以安排本机构具有律师资格或者法律职业资格的工作人员提供法律援助；可以设置法律援助工作站或者联络点，就近受理法律援助申请。

**第十四条**　法律援助机构可以在人民法院、人民检察院和看守所等场所派驻值班律师，依法为没有辩护人的犯罪嫌疑人、被告人提供法律援助。

**第十五条**　司法行政部门可以通过政府采购等方式，择优选择律师事务所等法律服务机构为受援人提供法律援助。

**第十六条**　律师事务所、基层法律服务所、律师、基层法律服务工作者负有依法提供法律援助的义务。

律师事务所、基层法律服务所应当支持和保障本所律师、基层法律服务工作者履行法律援助义务。

**第十七条**　国家鼓励和规范法律援助志愿服务；支持符合条

件的个人作为法律援助志愿者，依法提供法律援助。

高等院校、科研机构可以组织从事法学教育、研究工作的人员和法学专业学生作为法律援助志愿者，在司法行政部门指导下，为当事人提供法律咨询、代拟法律文书等法律援助。

法律援助志愿者具体管理办法由国务院有关部门规定。

**第十八条** 国家建立健全法律服务资源依法跨区域流动机制，鼓励和支持律师事务所、律师、法律援助志愿者等在法律服务资源相对短缺地区提供法律援助。

**第十九条** 法律援助人员应当依法履行职责，及时为受援人提供符合标准的法律援助服务，维护受援人的合法权益。

**第二十条** 法律援助人员应当恪守职业道德和执业纪律，不得向受援人收取任何财物。

**第二十一条** 法律援助机构、法律援助人员对提供法律援助过程中知悉的国家秘密、商业秘密和个人隐私应当予以保密。

## 第三章 形式和范围

**第二十二条** 法律援助机构可以组织法律援助人员依法提供下列形式的法律援助服务：

（一）法律咨询；

（二）代拟法律文书；

（三）刑事辩护与代理；

（四）民事案件、行政案件、国家赔偿案件的诉讼代理及非诉讼代理；

（五）值班律师法律帮助；

（六）劳动争议调解与仲裁代理；

（七）法律、法规、规章规定的其他形式。

**第二十三条** 法律援助机构应当通过服务窗口、电话、网络等多种方式提供法律咨询服务；提示当事人享有依法申请法律援助的权利，并告知申请法律援助的条件和程序。

**第二十四条** 刑事案件的犯罪嫌疑人、被告人因经济困难或者其他原因没有委托辩护人的，本人及其近亲属可以向法律援助机构申请法律援助。

**第二十五条** 刑事案件的犯罪嫌疑人、被告人属于下列人员之一，没有委托辩护人的，人民法院、人民检察院、公安机关应当通知法律援助机构指派律师担任辩护人：

（一）未成年人；

（二）视力、听力、言语残疾人；

（三）不能完全辨认自己行为的成年人；

（四）可能被判处无期徒刑、死刑的人；

（五）申请法律援助的死刑复核案件被告人；

（六）缺席审判案件的被告人；

（七）法律法规规定的其他人员。

其他适用普通程序审理的刑事案件，被告人没有委托辩护人的，人民法院可以通知法律援助机构指派律师担任辩护人。

**第二十六条** 对可能被判处无期徒刑、死刑的人，以及死刑复核案件的被告人，法律援助机构收到人民法院、人民检察院、公安机关通知后，应当指派具有三年以上相关执业经历的律师担任辩护人。

**第二十七条** 人民法院、人民检察院、公安机关通知法律援助机构指派律师担任辩护人时，不得限制或者损害犯罪嫌疑人、被告人委托辩护人的权利。

**第二十八条** 强制医疗案件的被申请人或者被告人没有委托诉讼代理人的，人民法院应当通知法律援助机构指派律师为其提供法律援助。

**第二十九条** 刑事公诉案件的被害人及其法定代理人或者近亲属，刑事自诉案件的自诉人及其法定代理人，刑事附带民事诉讼案件的原告人及其法定代理人，因经济困难没有委托诉讼代理人的，可以向法律援助机构申请法律援助。

**第三十条** 值班律师应当依法为没有辩护人的犯罪嫌疑人、被告人提供法律咨询、程序选择建议、申请变更强制措施、对案件处理提出意见等法律帮助。

**第三十一条** 下列事项的当事人,因经济困难没有委托代理人的,可以向法律援助机构申请法律援助:

(一)依法请求国家赔偿;

(二)请求给予社会保险待遇或者社会救助;

(三)请求发给抚恤金;

(四)请求给付赡养费、抚养费、扶养费;

(五)请求确认劳动关系或者支付劳动报酬;

(六)请求认定公民无民事行为能力或者限制民事行为能力;

(七)请求工伤事故、交通事故、食品药品安全事故、医疗事故人身损害赔偿;

(八)请求环境污染、生态破坏损害赔偿;

(九)法律、法规、规章规定的其他情形。

**第三十二条** 有下列情形之一,当事人申请法律援助的,不受经济困难条件的限制:

(一)英雄烈士近亲属为维护英雄烈士的人格权益;

(二)因见义勇为行为主张相关民事权益;

(三)再审改判无罪请求国家赔偿;

(四)遭受虐待、遗弃或者家庭暴力的受害人主张相关权益;

(五)法律、法规、规章规定的其他情形。

**第三十三条** 当事人不服司法机关生效裁判或者决定提出申诉或者申请再审,人民法院决定、裁定再审或者人民检察院提出抗诉,因经济困难没有委托辩护人或者诉讼代理人的,本人及其近亲属可以向法律援助机构申请法律援助。

**第三十四条** 经济困难的标准,由省、自治区、直辖市人民政府根据本行政区域经济发展状况和法律援助工作需要确定,并实行动态调整。

## 第四章 程序和实施

**第三十五条** 人民法院、人民检察院、公安机关和有关部门在办理案件或者相关事务中，应当及时告知有关当事人有权依法申请法律援助。

**第三十六条** 人民法院、人民检察院、公安机关办理刑事案件，发现有本法第二十五条第一款、第二十八条规定情形的，应当在三日内通知法律援助机构指派律师。法律援助机构收到通知后，应当在三日内指派律师并通知人民法院、人民检察院、公安机关。

**第三十七条** 人民法院、人民检察院、公安机关应当保障值班律师依法提供法律帮助，告知没有辩护人的犯罪嫌疑人、被告人有权约见值班律师，并依法为值班律师了解案件有关情况、阅卷、会见等提供便利。

**第三十八条** 对诉讼事项的法律援助，由申请人向办案机关所在地的法律援助机构提出申请；对非诉讼事项的法律援助，由申请人向争议处理机关所在地或者事由发生地的法律援助机构提出申请。

**第三十九条** 被羁押的犯罪嫌疑人、被告人、服刑人员，以及强制隔离戒毒人员等提出法律援助申请的，办案机关、监管场所应当在二十四小时内将申请转交法律援助机构。

犯罪嫌疑人、被告人通过值班律师提出代理、刑事辩护等法律援助申请的，值班律师应当在二十四小时内将申请转交法律援助机构。

**第四十条** 无民事行为能力人或者限制民事行为能力人需要法律援助的，可以由其法定代理人代为提出申请。法定代理人侵犯无民事行为能力人、限制民事行为能力人合法权益的，其他法定代理人或者近亲属可以代为提出法律援助申请。

被羁押的犯罪嫌疑人、被告人、服刑人员，以及强制隔离戒毒人员，可以由其法定代理人或者近亲属代为提出法律援助申请。

**第四十一条** 因经济困难申请法律援助的，申请人应当如实说明经济困难状况。

法律援助机构核查申请人的经济困难状况，可以通过信息共享查询，或者由申请人进行个人诚信承诺。

法律援助机构开展核查工作，有关部门、单位、村民委员会、居民委员会和个人应当予以配合。

**第四十二条** 法律援助申请人有材料证明属于下列人员之一的，免予核查经济困难状况：

（一）无固定生活来源的未成年人、老年人、残疾人等特定群体；

（二）社会救助、司法救助或者优抚对象；

（三）申请支付劳动报酬或者请求工伤事故人身损害赔偿的进城务工人员；

（四）法律、法规、规章规定的其他人员。

**第四十三条** 法律援助机构应当自收到法律援助申请之日起七日内进行审查，作出是否给予法律援助的决定。决定给予法律援助的，应当自作出决定之日起三日内指派法律援助人员为受援人提供法律援助；决定不给予法律援助的，应当书面告知申请人，并说明理由。

申请人提交的申请材料不齐全的，法律援助机构应当一次性告知申请人需要补充的材料或者要求申请人作出说明。申请人未按要求补充材料或者作出说明的，视为撤回申请。

**第四十四条** 法律援助机构收到法律援助申请后，发现有下列情形之一的，可以决定先行提供法律援助：

（一）距法定时效或者期限届满不足七日，需要及时提起诉讼或者申请仲裁、行政复议；

（二）需要立即申请财产保全、证据保全或者先予执行；

（三）法律、法规、规章规定的其他情形。

法律援助机构先行提供法律援助的，受援人应当及时补办有关手续，补充有关材料。

**第四十五条** 法律援助机构为老年人、残疾人提供法律援助服务的，应当根据实际情况提供无障碍设施设备和服务。

法律法规对向特定群体提供法律援助有其他特别规定的，依照其规定。

**第四十六条** 法律援助人员接受指派后，无正当理由不得拒绝、拖延或者终止提供法律援助服务。

法律援助人员应当按照规定向受援人通报法律援助事项办理情况，不得损害受援人合法权益。

**第四十七条** 受援人应当向法律援助人员如实陈述与法律援助事项有关的情况，及时提供证据材料，协助、配合办理法律援助事项。

**第四十八条** 有下列情形之一的，法律援助机构应当作出终止法律援助的决定：

（一）受援人以欺骗或者其他不正当手段获得法律援助；

（二）受援人故意隐瞒与案件有关的重要事实或者提供虚假证据；

（三）受援人利用法律援助从事违法活动；

（四）受援人的经济状况发生变化，不再符合法律援助条件；

（五）案件终止审理或者已经被撤销；

（六）受援人自行委托律师或者其他代理人；

（七）受援人有正当理由要求终止法律援助；

（八）法律法规规定的其他情形。

法律援助人员发现有前款规定情形的，应当及时向法律援助机构报告。

**第四十九条** 申请人、受援人对法律援助机构不予法律援助、终止法律援助的决定有异议的，可以向设立该法律援助机构的司法行政部门提出。

司法行政部门应当自收到异议之日起五日内进行审查，作出维持法律援助机构决定或者责令法律援助机构改正的决定。

申请人、受援人对司法行政部门维持法律援助机构决定不服的，可以依法申请行政复议或者提起行政诉讼。

**第五十条** 法律援助事项办理结束后，法律援助人员应当及时向法律援助机构报告，提交有关法律文书的副本或者复印件、办理情况报告等材料。

## 第五章 保障和监督

**第五十一条** 国家加强法律援助信息化建设，促进司法行政部门与司法机关及其他有关部门实现信息共享和工作协同。

**第五十二条** 法律援助机构应当依照有关规定及时向法律援助人员支付法律援助补贴。

法律援助补贴的标准，由省、自治区、直辖市人民政府司法行政部门会同同级财政部门，根据当地经济发展水平和法律援助的服务类型、承办成本、基本劳务费用等确定，并实行动态调整。

法律援助补贴免征增值税和个人所得税。

**第五十三条** 人民法院应当根据情况对受援人缓收、减收或者免收诉讼费用；对法律援助人员复制相关材料等费用予以免收或者减收。

公证机构、司法鉴定机构应当对受援人减收或者免收公证费、鉴定费。

**第五十四条** 县级以上人民政府司法行政部门应当有计划地对法律援助人员进行培训，提高法律援助人员的专业素质和服务能力。

**第五十五条** 受援人有权向法律援助机构、法律援助人员了解法律援助事项办理情况；法律援助机构、法律援助人员未依法履行职责的，受援人可以向司法行政部门投诉，并可以请求法律援助机构更换法律援助人员。

**第五十六条** 司法行政部门应当建立法律援助工作投诉查处制度；接到投诉后，应当依照有关规定受理和调查处理，并及时向投诉人告知处理结果。

**第五十七条** 司法行政部门应当加强对法律援助服务的监督，制定法律援助服务质量标准，通过第三方评估等方式定期进行质量考核。

**第五十八条** 司法行政部门、法律援助机构应当建立法律援助信息公开制度，定期向社会公布法律援助资金使用、案件办理、质量考核结果等情况，接受社会监督。

**第五十九条** 法律援助机构应当综合运用庭审旁听、案卷检查、征询司法机关意见和回访受援人等措施，督促法律援助人员提升服务质量。

**第六十条** 律师协会应当将律师事务所、律师履行法律援助义务的情况纳入年度考核内容，对拒不履行或者怠于履行法律援助义务的律师事务所、律师，依照有关规定进行惩戒。

## 第六章 法律责任

**第六十一条** 法律援助机构及其工作人员有下列情形之一的，由设立该法律援助机构的司法行政部门责令限期改正；有违法所得的，责令退还或者没收违法所得；对直接负责的主管人员和其他直接责任人员，依法给予处分：

（一）拒绝为符合法律援助条件的人员提供法律援助，或者故意为不符合法律援助条件的人员提供法律援助；

（二）指派不符合本法规定的人员提供法律援助；

（三）收取受援人财物；

（四）从事有偿法律服务；

（五）侵占、私分、挪用法律援助经费；

（六）泄露法律援助过程中知悉的国家秘密、商业秘密和个人隐私；

（七）法律法规规定的其他情形。

**第六十二条** 律师事务所、基层法律服务所有下列情形之一的，由司法行政部门依法给予处罚：

（一）无正当理由拒绝接受法律援助机构指派；

（二）接受指派后，不及时安排本所律师、基层法律服务工作者办理法律援助事项或者拒绝为本所律师、基层法律服务工作者办理法律援助事项提供支持和保障；

（三）纵容或者放任本所律师、基层法律服务工作者怠于履行法律援助义务或者擅自终止提供法律援助；

（四）法律法规规定的其他情形。

**第六十三条** 律师、基层法律服务工作者有下列情形之一的，由司法行政部门依法给予处罚：

（一）无正当理由拒绝履行法律援助义务或者怠于履行法律援助义务；

（二）擅自终止提供法律援助；

（三）收取受援人财物；

（四）泄露法律援助过程中知悉的国家秘密、商业秘密和个人隐私；

（五）法律法规规定的其他情形。

**第六十四条** 受援人以欺骗或者其他不正当手段获得法律援助的，由司法行政部门责令其支付已实施法律援助的费用，并处三千元以下罚款。

**第六十五条** 违反本法规定，冒用法律援助名义提供法律服务并谋取利益的，由司法行政部门责令改正，没收违法所得，并处违法所得一倍以上三倍以下罚款。

**第六十六条** 国家机关及其工作人员在法律援助工作中滥用

职权、玩忽职守、徇私舞弊的，对直接负责的主管人员和其他直接责任人员，依法给予处分。

**第六十七条** 违反本法规定，构成犯罪的，依法追究刑事责任。

## 第七章 附 则

**第六十八条** 工会、共产主义青年团、妇女联合会、残疾人联合会等群团组织开展法律援助工作，参照适用本法的相关规定。

**第六十九条** 对外国人和无国籍人提供法律援助，我国法律有规定的，适用法律规定；我国法律没有规定的，可以根据我国缔结或者参加的国际条约，或者按照互惠原则，参照适用本法的相关规定。

**第七十条** 对军人军属提供法律援助的具体办法，由国务院和中央军事委员会有关部门制定。

**第七十一条** 本法自2022年1月1日起施行。

# 中华人民共和国医师法

（2021年8月20日第十三届全国人民代表大会常务委员会第三十次会议通过 2021年8月20日中华人民共和国主席令第94号公布 自2022年3月1日起施行）

目 录

第一章 总 则
第二章 考试和注册
第三章 执业规则
第四章 培训和考核

第五章　保障措施
第六章　法律责任
第七章　附　　则

## 第一章　总　　则

**第一条**　为了保障医师合法权益，规范医师执业行为，加强医师队伍建设，保护人民健康，推进健康中国建设，制定本法。

**第二条**　本法所称医师，是指依法取得医师资格，经注册在医疗卫生机构中执业的专业医务人员，包括执业医师和执业助理医师。

**第三条**　医师应当坚持人民至上、生命至上，发扬人道主义精神，弘扬敬佑生命、救死扶伤、甘于奉献、大爱无疆的崇高职业精神，恪守职业道德，遵守执业规范，提高执业水平，履行防病治病、保护人民健康的神圣职责。

医师依法执业，受法律保护。医师的人格尊严、人身安全不受侵犯。

**第四条**　国务院卫生健康主管部门负责全国的医师管理工作。国务院教育、人力资源社会保障、中医药等有关部门在各自职责范围内负责有关的医师管理工作。

县级以上地方人民政府卫生健康主管部门负责本行政区域内的医师管理工作。县级以上地方人民政府教育、人力资源社会保障、中医药等有关部门在各自职责范围内负责有关的医师管理工作。

**第五条**　每年8月19日为中国医师节。

对在医疗卫生服务工作中做出突出贡献的医师，按照国家有关规定给予表彰、奖励。

全社会应当尊重医师。各级人民政府应当关心爱护医师，弘扬先进事迹，加强业务培训，支持开拓创新，帮助解决困难，推动在全社会广泛形成尊医重卫的良好氛围。

**第六条** 国家建立健全医师医学专业技术职称设置、评定和岗位聘任制度，将职业道德、专业实践能力和工作业绩作为重要条件，科学设置有关评定、聘任标准。

**第七条** 医师可以依法组织和参加医师协会等有关行业组织、专业学术团体。

医师协会等有关行业组织应当加强行业自律和医师执业规范，维护医师合法权益，协助卫生健康主管部门和其他有关部门开展相关工作。

## 第二章 考试和注册

**第八条** 国家实行医师资格考试制度。

医师资格考试分为执业医师资格考试和执业助理医师资格考试。医师资格考试由省级以上人民政府卫生健康主管部门组织实施。

医师资格考试的类别和具体办法，由国务院卫生健康主管部门制定。

**第九条** 具有下列条件之一的，可以参加执业医师资格考试：

（一）具有高等学校相关医学专业本科以上学历，在执业医师指导下，在医疗卫生机构中参加医学专业工作实践满一年；

（二）具有高等学校相关医学专业专科学历，取得执业助理医师执业证书后，在医疗卫生机构中执业满二年。

**第十条** 具有高等学校相关医学专业专科以上学历，在执业医师指导下，在医疗卫生机构中参加医学专业工作实践满一年的，可以参加执业助理医师资格考试。

**第十一条** 以师承方式学习中医满三年，或者经多年实践医术确有专长的，经县级以上人民政府卫生健康主管部门委托的中医药专业组织或者医疗卫生机构考核合格并推荐，可以参加中医医师资格考试。

以师承方式学习中医或者经多年实践,医术确有专长的,由至少二名中医医师推荐,经省级人民政府中医药主管部门组织实践技能和效果考核合格后,即可取得中医医师资格及相应的资格证书。

本条规定的相关考试、考核办法,由国务院中医药主管部门拟订,报国务院卫生健康主管部门审核、发布。

**第十二条**　医师资格考试成绩合格,取得执业医师资格或者执业助理医师资格,发给医师资格证书。

**第十三条**　国家实行医师执业注册制度。

取得医师资格的,可以向所在地县级以上地方人民政府卫生健康主管部门申请注册。医疗卫生机构可以为本机构中的申请人集体办理注册手续。

除有本法规定不予注册的情形外,卫生健康主管部门应当自受理申请之日起二十个工作日内准予注册,将注册信息录入国家信息平台,并发给医师执业证书。

未注册取得医师执业证书,不得从事医师执业活动。

医师执业注册管理的具体办法,由国务院卫生健康主管部门制定。

**第十四条**　医师经注册后,可以在医疗卫生机构中按照注册的执业地点、执业类别、执业范围执业,从事相应的医疗卫生服务。

中医、中西医结合医师可以在医疗机构中的中医科、中西医结合科或者其他临床科室按照注册的执业类别、执业范围执业。

医师经相关专业培训和考核合格,可以增加执业范围。法律、行政法规对医师从事特定范围执业活动的资质条件有规定的,从其规定。

经考试取得医师资格的中医医师按照国家有关规定,经培训和考核合格,在执业活动中可以采用与其专业相关的西医药技术方法。西医医师按照国家有关规定,经培训和考核合格,在执业活动中可以采用与其专业相关的中医药技术方法。

**第十五条** 医师在二个以上医疗卫生机构定期执业的，应当以一个医疗卫生机构为主，并按照国家有关规定办理相关手续。国家鼓励医师定期定点到县级以下医疗卫生机构，包括乡镇卫生院、村卫生室、社区卫生服务中心等，提供医疗卫生服务，主执业机构应当支持并提供便利。

卫生健康主管部门、医疗卫生机构应当加强对有关医师的监督管理，规范其执业行为，保证医疗卫生服务质量。

**第十六条** 有下列情形之一的，不予注册：

（一）无民事行为能力或者限制民事行为能力；

（二）受刑事处罚，刑罚执行完毕不满二年或者被依法禁止从事医师职业的期限未满；

（三）被吊销医师执业证书不满二年；

（四）因医师定期考核不合格被注销注册不满一年；

（五）法律、行政法规规定不得从事医疗卫生服务的其他情形。

受理申请的卫生健康主管部门对不予注册的，应当自受理申请之日起二十个工作日内书面通知申请人和其所在医疗卫生机构，并说明理由。

**第十七条** 医师注册后有下列情形之一的，注销注册，废止医师执业证书：

（一）死亡；

（二）受刑事处罚；

（三）被吊销医师执业证书；

（四）医师定期考核不合格，暂停执业活动期满，再次考核仍不合格；

（五）中止医师执业活动满二年；

（六）法律、行政法规规定不得从事医疗卫生服务或者应当办理注销手续的其他情形。

有前款规定情形的，医师所在医疗卫生机构应当在三十日内报告准予注册的卫生健康主管部门；卫生健康主管部门依职权发现医师有前款规定情形的，应当及时通报准予注册的卫生健康主管部门。准予注册的卫生健康主管部门应当及时注销注册，废止医师执业证书。

**第十八条** 医师变更执业地点、执业类别、执业范围等注册事项的，应当依照本法规定到准予注册的卫生健康主管部门办理变更注册手续。

医师从事下列活动的，可以不办理相关变更注册手续：

（一）参加规范化培训、进修、对口支援、会诊、突发事件医疗救援、慈善或者其他公益性医疗、义诊；

（二）承担国家任务或者参加政府组织的重要活动等；

（三）在医疗联合体内的医疗机构中执业。

**第十九条** 中止医师执业活动二年以上或者本法规定不予注册的情形消失，申请重新执业的，应当由县级以上人民政府卫生健康主管部门或者其委托的医疗卫生机构、行业组织考核合格，并依照本法规定重新注册。

**第二十条** 医师个体行医应当依法办理审批或者备案手续。

执业医师个体行医，须经注册后在医疗卫生机构中执业满五年；但是，依照本法第十一条第二款规定取得中医医师资格的人员，按照考核内容进行执业注册后，即可在注册的执业范围内个体行医。

县级以上地方人民政府卫生健康主管部门对个体行医的医师，应当按照国家有关规定实施监督检查，发现有本法规定注销注册的情形的，应当及时注销注册，废止医师执业证书。

**第二十一条** 县级以上地方人民政府卫生健康主管部门应当将准予注册和注销注册的人员名单及时予以公告，由省级人民政府卫生健康主管部门汇总，报国务院卫生健康主管部门备案，并按照规定通过网站提供医师注册信息查询服务。

## 第三章 执业规则

**第二十二条** 医师在执业活动中享有下列权利：

（一）在注册的执业范围内，按照有关规范进行医学诊查、疾病调查、医学处置、出具相应的医学证明文件，选择合理的医疗、预防、保健方案；

（二）获取劳动报酬，享受国家规定的福利待遇，按照规定参加社会保险并享受相应待遇；

（三）获得符合国家规定标准的执业基本条件和职业防护装备；

（四）从事医学教育、研究、学术交流；

（五）参加专业培训，接受继续医学教育；

（六）对所在医疗卫生机构和卫生健康主管部门的工作提出意见和建议，依法参与所在机构的民主管理；

（七）法律、法规规定的其他权利。

**第二十三条** 医师在执业活动中履行下列义务：

（一）树立敬业精神，恪守职业道德，履行医师职责，尽职尽责救治患者，执行疫情防控等公共卫生措施；

（二）遵循临床诊疗指南，遵守临床技术操作规范和医学伦理规范等；

（三）尊重、关心、爱护患者，依法保护患者隐私和个人信息；

（四）努力钻研业务，更新知识，提高医学专业技术能力和水平，提升医疗卫生服务质量；

（五）宣传推广与岗位相适应的健康科普知识，对患者及公众进行健康教育和健康指导；

（六）法律、法规规定的其他义务。

**第二十四条** 医师实施医疗、预防、保健措施，签署有关医学证明文件，必须亲自诊查、调查，并按照规定及时填写病历等医学文书,不得隐匿、伪造、篡改或者擅自销毁病历等医学文书及有关资料。

医师不得出具虚假医学证明文件以及与自己执业范围无关或者与执业类别不相符的医学证明文件。

**第二十五条** 医师在诊疗活动中应当向患者说明病情、医疗措施和其他需要告知的事项。需要实施手术、特殊检查、特殊治疗的,医师应当及时向患者具体说明医疗风险、替代医疗方案等情况,并取得其明确同意;不能或者不宜向患者说明的,应当向患者的近亲属说明,并取得其明确同意。

**第二十六条** 医师开展药物、医疗器械临床试验和其他医学临床研究应当符合国家有关规定,遵守医学伦理规范,依法通过伦理审查,取得书面知情同意。

**第二十七条** 对需要紧急救治的患者,医师应当采取紧急措施进行诊治,不得拒绝急救处置。

因抢救生命垂危的患者等紧急情况,不能取得患者或者其近亲属意见的,经医疗机构负责人或者授权的负责人批准,可以立即实施相应的医疗措施。

国家鼓励医师积极参与公共交通工具等公共场所急救服务;医师因自愿实施急救造成受助人损害的,不承担民事责任。

**第二十八条** 医师应当使用经依法批准或者备案的药品、消毒药剂、医疗器械,采用合法、合规、科学的诊疗方法。

除按照规范用于诊断治疗外,不得使用麻醉药品、医疗用毒性药品、精神药品、放射性药品等。

**第二十九条** 医师应当坚持安全有效、经济合理的用药原则,遵循药品临床应用指导原则、临床诊疗指南和药品说明书等合理用药。

在尚无有效或者更好治疗手段等特殊情况下,医师取得患者明确知情同意后,可以采用药品说明书中未明确但具有循证医学证据的药品用法实施治疗。医疗机构应当建立管理制度,对医师处方、用药医嘱的适宜性进行审核，严格规范医师用药行为。

**第三十条** 执业医师按照国家有关规定，经所在医疗卫生机构同意，可以通过互联网等信息技术提供部分常见病、慢性病复诊等适宜的医疗卫生服务。国家支持医疗卫生机构之间利用互联网等信息技术开展远程医疗合作。

**第三十一条** 医师不得利用职务之便，索要、非法收受财物或者牟取其他不正当利益；不得对患者实施不必要的检查、治疗。

**第三十二条** 遇有自然灾害、事故灾难、公共卫生事件和社会安全事件等严重威胁人民生命健康的突发事件时，县级以上人民政府卫生健康主管部门根据需要组织医师参与卫生应急处置和医疗救治，医师应当服从调遣。

**第三十三条** 在执业活动中有下列情形之一的，医师应当按照有关规定及时向所在医疗卫生机构或者有关部门、机构报告：

（一）发现传染病、突发不明原因疾病或者异常健康事件；

（二）发生或者发现医疗事故；

（三）发现可能与药品、医疗器械有关的不良反应或者不良事件；

（四）发现假药或者劣药；

（五）发现患者涉嫌伤害事件或者非正常死亡；

（六）法律、法规规定的其他情形。

**第三十四条** 执业助理医师应当在执业医师的指导下，在医疗卫生机构中按照注册的执业类别、执业范围执业。

在乡、民族乡、镇和村医疗卫生机构以及艰苦边远地区县级医疗卫生机构中执业的执业助理医师，可以根据医疗卫生服务情况和本人实践经验，独立从事一般的执业活动。

**第三十五条** 参加临床教学实践的医学生和尚未取得医师执业证书、在医疗卫生机构中参加医学专业工作实践的医学毕业生，应当在执业医师监督、指导下参与临床诊疗活动。医疗卫生机构应当为有关医学生、医学毕业生参与临床诊疗活动提供必要的条件。

**第三十六条** 有关行业组织、医疗卫生机构、医学院校应当加强对医师的医德医风教育。

医疗卫生机构应当建立健全医师岗位责任、内部监督、投诉处理等制度,加强对医师的管理。

## 第四章 培训和考核

**第三十七条** 国家制定医师培养规划,建立适应行业特点和社会需求的医师培养和供需平衡机制,统筹各类医学人才需求,加强全科、儿科、精神科、老年医学等紧缺专业人才培养。

国家采取措施,加强医教协同,完善医学院校教育、毕业后教育和继续教育体系。

国家通过多种途径,加强以全科医生为重点的基层医疗卫生人才培养和配备。

国家采取措施,完善中医西医相互学习的教育制度,培养高层次中西医结合人才和能够提供中西医结合服务的全科医生。

**第三十八条** 国家建立健全住院医师规范化培训制度,健全临床带教激励机制,保障住院医师培训期间待遇,严格培训过程管理和结业考核。

国家建立健全专科医师规范化培训制度,不断提高临床医师专科诊疗水平。

**第三十九条** 县级以上人民政府卫生健康主管部门和其他有关部门应当制定医师培训计划,采取多种形式对医师进行分级分类培训,为医师接受继续医学教育提供条件。

县级以上人民政府应当采取有力措施,优先保障基层、欠发达地区和民族地区的医疗卫生人员接受继续医学教育。

**第四十条** 医疗卫生机构应当合理调配人力资源,按照规定和计划保证本机构医师接受继续医学教育。

县级以上人民政府卫生健康主管部门应当有计划地组织协调县级以上医疗卫生机构对乡镇卫生院、村卫生室、社区卫生服务中心等基层医疗卫生机构中的医疗卫生人员开展培训，提高其医学专业技术能力和水平。

有关行业组织应当为医师接受继续医学教育提供服务和创造条件，加强继续医学教育的组织、管理。

**第四十一条** 国家在每年的医学专业招生计划和教育培训计划中，核定一定比例用于定向培养、委托培训，加强基层和艰苦边远地区医师队伍建设。

有关部门、医疗卫生机构与接受定向培养、委托培训的人员签订协议，约定相关待遇、服务年限、违约责任等事项，有关人员应当履行协议约定的义务。县级以上人民政府有关部门应当采取措施，加强履约管理。协议各方违反约定的，应当承担违约责任。

**第四十二条** 国家实行医师定期考核制度。

县级以上人民政府卫生健康主管部门或者其委托的医疗卫生机构、行业组织应当按照医师执业标准，对医师的业务水平、工作业绩和职业道德状况进行考核，考核周期为三年。对具有较长年限执业经历、无不良行为记录的医师，可以简化考核程序。

受委托的机构或者组织应当将医师考核结果报准予注册的卫生健康主管部门备案。

对考核不合格的医师，县级以上人民政府卫生健康主管部门应当责令其暂停执业活动三个月至六个月，并接受相关专业培训。暂停执业活动期满，再次进行考核，对考核合格的，允许其继续执业。

**第四十三条** 省级以上人民政府卫生健康主管部门负责指导、检查和监督医师考核工作。

## 第五章 保障措施

**第四十四条** 国家建立健全体现医师职业特点和技术劳动价

值的人事、薪酬、职称、奖励制度。

对从事传染病防治、放射医学和精神卫生工作以及其他特殊岗位工作的医师，应当按照国家有关规定给予适当的津贴。津贴标准应当定期调整。

在基层和艰苦边远地区工作的医师，按照国家有关规定享受津贴、补贴政策，并在职称评定、职业发展、教育培训和表彰奖励等方面享受优惠待遇。

**第四十五条** 国家加强疾病预防控制人才队伍建设，建立适应现代化疾病预防控制体系的医师培养和使用机制。

疾病预防控制机构、二级以上医疗机构以及乡镇卫生院、社区卫生服务中心等基层医疗卫生机构应当配备一定数量的公共卫生医师，从事人群疾病及危害因素监测、风险评估研判、监测预警、流行病学调查、免疫规划管理、职业健康管理等公共卫生工作。医疗机构应当建立健全管理制度，严格执行院内感染防控措施。

国家建立公共卫生与临床医学相结合的人才培养机制，通过多种途径对临床医师进行疾病预防控制、突发公共卫生事件应对等方面业务培训，对公共卫生医师进行临床医学业务培训，完善医防结合和中西医协同防治的体制机制。

**第四十六条** 国家采取措施，统筹城乡资源，加强基层医疗卫生队伍和服务能力建设，对乡村医疗卫生人员建立县乡村上下贯通的职业发展机制，通过县管乡用、乡聘村用等方式，将乡村医疗卫生人员纳入县域医疗卫生人员管理。

执业医师晋升为副高级技术职称的，应当有累计一年以上在县级以下或者对口支援的医疗卫生机构提供医疗卫生服务的经历；晋升副高级技术职称后，在县级以下或者对口支援的医疗卫生机构提供医疗卫生服务，累计一年以上的，同等条件下优先晋升正高级技术职称。

国家采取措施，鼓励取得执业医师资格或者执业助理医师资格的人员依法开办村医疗卫生机构，或者在村医疗卫生机构提供医疗卫生服务。

**第四十七条** 国家鼓励在村医疗卫生机构中向村民提供预防、保健和一般医疗服务的乡村医生通过医学教育取得医学专业学历;鼓励符合条件的乡村医生参加医师资格考试,依法取得医师资格。

国家采取措施,通过信息化、智能化手段帮助乡村医生提高医学技术能力和水平,进一步完善对乡村医生的服务收入多渠道补助机制和养老等政策。

乡村医生的具体管理办法,由国务院制定。

**第四十八条** 医师有下列情形之一的,按照国家有关规定给予表彰、奖励:

(一)在执业活动中,医德高尚,事迹突出;

(二)在医学研究、教育中开拓创新,对医学专业技术有重大突破,做出显著贡献;

(三)遇有突发事件时,在预防预警、救死扶伤等工作中表现突出;

(四)长期在艰苦边远地区的县级以下医疗卫生机构努力工作;

(五)在疾病预防控制、健康促进工作中做出突出贡献;

(六)法律、法规规定的其他情形。

**第四十九条** 县级以上人民政府及其有关部门应当将医疗纠纷预防和处理工作纳入社会治安综合治理体系,加强医疗卫生机构及周边治安综合治理,维护医疗卫生机构良好的执业环境,有效防范和依法打击涉医违法犯罪行为,保护医患双方合法权益。

医疗卫生机构应当完善安全保卫措施,维护良好的医疗秩序,及时主动化解医疗纠纷,保障医师执业安全。

禁止任何组织或者个人阻碍医师依法执业,干扰医师正常工作、生活;禁止通过侮辱、诽谤、威胁、殴打等方式,侵犯医师的人格尊严、人身安全。

**第五十条** 医疗卫生机构应当为医师提供职业安全和卫生防护用品，并采取有效的卫生防护和医疗保健措施。

医师受到事故伤害或者在职业活动中因接触有毒、有害因素而引起疾病、死亡的，依照有关法律、行政法规的规定享受工伤保险待遇。

**第五十一条** 医疗卫生机构应当为医师合理安排工作时间，落实带薪休假制度，定期开展健康检查。

**第五十二条** 国家建立完善医疗风险分担机制。医疗机构应当参加医疗责任保险或者建立、参加医疗风险基金。鼓励患者参加医疗意外保险。

**第五十三条** 新闻媒体应当开展医疗卫生法律、法规和医疗卫生知识的公益宣传，弘扬医师先进事迹，引导公众尊重医师、理性对待医疗卫生风险。

## 第六章 法律责任

**第五十四条** 在医师资格考试中有违反考试纪律等行为，情节严重的，一年至三年内禁止参加医师资格考试。

以不正当手段取得医师资格证书或者医师执业证书的，由发给证书的卫生健康主管部门予以撤销，三年内不受理其相应申请。

伪造、变造、买卖、出租、出借医师执业证书的，由县级以上人民政府卫生健康主管部门责令改正，没收违法所得，并处违法所得二倍以上五倍以下的罚款，违法所得不足一万元的，按一万元计算；情节严重的，吊销医师执业证书。

**第五十五条** 违反本法规定，医师在执业活动中有下列行为之一的，由县级以上人民政府卫生健康主管部门责令改正，给予警告；情节严重的，责令暂停六个月以上一年以下执业活动直至吊销医师执业证书：

（一）在提供医疗卫生服务或者开展医学临床研究中，未按照规定履行告知义务或者取得知情同意；

（二）对需要紧急救治的患者，拒绝急救处置，或者由于不负责任延误诊治；

（三）遇有自然灾害、事故灾难、公共卫生事件和社会安全事件等严重威胁人民生命健康的突发事件时，不服从卫生健康主管部门调遣；

（四）未按照规定报告有关情形；

（五）违反法律、法规、规章或者执业规范，造成医疗事故或者其他严重后果。

**第五十六条** 违反本法规定，医师在执业活动中有下列行为之一的，由县级以上人民政府卫生健康主管部门责令改正，给予警告，没收违法所得，并处一万元以上三万元以下的罚款；情节严重的，责令暂停六个月以上一年以下执业活动直至吊销医师执业证书：

（一）泄露患者隐私或者个人信息；

（二）出具虚假医学证明文件，或者未经亲自诊查、调查，签署诊断、治疗、流行病学等证明文件或者有关出生、死亡等证明文件；

（三）隐匿、伪造、篡改或者擅自销毁病历等医学文书及有关资料；

（四）未按照规定使用麻醉药品、医疗用毒性药品、精神药品、放射性药品等；

（五）利用职务之便，索要、非法收受财物或者牟取其他不正当利益，或者违反诊疗规范，对患者实施不必要的检查、治疗造成不良后果；

（六）开展禁止类医疗技术临床应用。

**第五十七条** 违反本法规定，医师未按照注册的执业地点、执业类别、执业范围执业的，由县级以上人民政府卫生健康主管部门或者中医药主管部门责令改正，给予警告，没收违法所得，并处一万元以上三万元以下的罚款；情节严重的，责令暂停六个月以上一年以下执业活动直至吊销医师执业证书。

**第五十八条** 严重违反医师职业道德、医学伦理规范，造成恶劣社会影响的，由省级以上人民政府卫生健康主管部门吊销医师执业证书或者责令停止非法执业活动，五年直至终身禁止从事医疗卫生服务或者医学临床研究。

**第五十九条** 违反本法规定，非医师行医的，由县级以上人民政府卫生健康主管部门责令停止非法执业活动，没收违法所得和药品、医疗器械，并处违法所得二倍以上十倍以下的罚款，违法所得不足一万元的，按一万元计算。

**第六十条** 违反本法规定，阻碍医师依法执业，干扰医师正常工作、生活，或者通过侮辱、诽谤、威胁、殴打等方式，侵犯医师人格尊严、人身安全，构成违反治安管理行为的，依法给予治安管理处罚。

**第六十一条** 违反本法规定，医疗卫生机构未履行报告职责，造成严重后果的，由县级以上人民政府卫生健康主管部门给予警告，对直接负责的主管人员和其他直接责任人员依法给予处分。

**第六十二条** 违反本法规定，卫生健康主管部门和其他有关部门工作人员或者医疗卫生机构工作人员弄虚作假、滥用职权、玩忽职守、徇私舞弊的，依法给予处分。

**第六十三条** 违反本法规定，构成犯罪的，依法追究刑事责任；造成人身、财产损害的，依法承担民事责任。

## 第七章　附　　则

**第六十四条** 国家采取措施，鼓励具有中等专业学校医学专业学历的人员通过参加更高层次学历教育等方式，提高医学技术能力和水平。

在本法施行前以及在本法施行后一定期限内取得中等专业学校相关医学专业学历的人员，可以参加医师资格考试。具体办法由国务院卫生健康主管部门会同国务院教育、中医药等有关部门制定。

**第六十五条** 中国人民解放军和中国人民武装警察部队执行本法的具体办法，由国务院、中央军事委员会依据本法制定。

**第六十六条** 境外人员参加医师资格考试、申请注册、执业或者从事临床示教、临床研究、临床学术交流等活动的具体管理办法，由国务院卫生健康主管部门制定。

**第六十七条** 本法自2022年3月1日起施行。《中华人民共和国执业医师法》同时废止。

# 中华人民共和国兵役法

（1984年5月31日第六届全国人民代表大会第二次会议通过 根据1998年12月29日第九届全国人民代表大会常务委员会第六次会议《关于修改〈中华人民共和国兵役法〉的决定》第一次修正 根据2009年8月27日第十一届全国人民代表大会常务委员会第十次会议《关于修改部分法律的决定》第二次修正 根据2011年10月29日第十一届全国人民代表大会常务委员会第二十三次会议《关于修改〈中华人民共和国兵役法〉的决定》第三次修正 2021年8月20日第十三届全国人民代表大会常务委员会第三十次会议修订 2021年8月20日中华人民共和国主席令第95号公布 自2021年10月1日起施行）

## 目 录

第一章 总 则
第二章 兵役登记

第三章　平时征集
第四章　士兵的现役和预备役
第五章　军官的现役和预备役
第六章　军队院校从青年学生中招收的学员
第七章　战时兵员动员
第八章　服役待遇和抚恤优待
第九章　退役军人的安置
第十章　法律责任
第十一章　附　　则

## 第一章　总　　则

**第一条**　为了规范和加强国家兵役工作，保证公民依法服兵役，保障军队兵员补充和储备，建设巩固国防和强大军队，根据宪法，制定本法。

**第二条**　保卫祖国、抵抗侵略是中华人民共和国每一个公民的神圣职责。

**第三条**　中华人民共和国实行以志愿兵役为主体的志愿兵役与义务兵役相结合的兵役制度。

**第四条**　兵役工作坚持中国共产党的领导，贯彻习近平强军思想，贯彻新时代军事战略方针，坚持与国家经济社会发展相协调，坚持与国防和军队建设相适应，遵循服从国防需要、聚焦备战打仗、彰显服役光荣、体现权利和义务一致的原则。

**第五条**　中华人民共和国公民，不分民族、种族、职业、家庭出身、宗教信仰和教育程度，都有义务依照本法的规定服兵役。

有严重生理缺陷或者严重残疾不适合服兵役的公民，免服兵役。

依照法律被剥夺政治权利的公民，不得服兵役。

**第六条**　兵役分为现役和预备役。在中国人民解放军服现役的称军人；预编到现役部队或者编入预备役部队服预备役的，称预备役人员。

**第七条** 军人和预备役人员，必须遵守宪法和法律，履行公民的义务，同时享有公民的权利；由于服兵役而产生的权利和义务，由本法和其他相关法律法规规定。

**第八条** 军人必须遵守军队的条令和条例，忠于职守，随时为保卫祖国而战斗。

预备役人员必须按照规定参加军事训练、担负战备勤务、执行非战争军事行动任务，随时准备应召参战，保卫祖国。

军人和预备役人员入役时应当依法进行服役宣誓。

**第九条** 全国的兵役工作，在国务院、中央军事委员会领导下，由国防部负责。

省军区（卫戍区、警备区）、军分区（警备区）和县、自治县、不设区的市、市辖区的人民武装部，兼各该级人民政府的兵役机关，在上级军事机关和同级人民政府领导下，负责办理本行政区域的兵役工作。

机关、团体、企业事业组织和乡、民族乡、镇的人民政府，依照本法的规定完成兵役工作任务。兵役工作业务，在设有人民武装部的单位，由人民武装部办理；不设人民武装部的单位，确定一个部门办理。普通高等学校应当有负责兵役工作的机构。

**第十条** 县级以上地方人民政府兵役机关应当会同相关部门，加强对本行政区域内兵役工作的组织协调和监督检查。

县级以上地方人民政府和同级军事机关应当将兵役工作情况作为拥军优属、拥政爱民评比和有关单位及其负责人考核评价的内容。

**第十一条** 国家加强兵役工作信息化建设，采取有效措施实现有关部门之间信息共享，推进兵役信息收集、处理、传输、存储等技术的现代化，为提高兵役工作质量效益提供支持。

兵役工作有关部门及其工作人员应当对收集的个人信息严格

保密，不得泄露或者向他人非法提供。

**第十二条** 国家采取措施，加强兵役宣传教育，增强公民依法服兵役意识，营造服役光荣的良好社会氛围。

**第十三条** 军人和预备役人员建立功勋的，按照国家和军队关于功勋荣誉表彰的规定予以褒奖。

组织和个人在兵役工作中作出突出贡献的，按照国家和军队有关规定予以表彰和奖励。

## 第二章 兵役登记

**第十四条** 国家实行兵役登记制度。兵役登记包括初次兵役登记和预备役登记。

**第十五条** 每年十二月三十一日以前年满十八周岁的男性公民，都应当按照兵役机关的安排在当年进行初次兵役登记。

机关、团体、企业事业组织和乡、民族乡、镇的人民政府，应当根据县、自治县、不设区的市、市辖区人民政府兵役机关的安排，负责组织本单位和本行政区域的适龄男性公民进行初次兵役登记。

初次兵役登记可以采取网络登记的方式进行，也可以到兵役登记站（点）现场登记。进行兵役登记，应当如实填写个人信息。

**第十六条** 经过初次兵役登记的未服现役的公民，符合预备役条件的，县、自治县、不设区的市、市辖区人民政府兵役机关可以根据需要，对其进行预备役登记。

**第十七条** 退出现役的士兵自退出现役之日起四十日内，退出现役的军官自确定安置地之日起三十日内，到安置地县、自治县、不设区的市、市辖区人民政府兵役机关进行兵役登记信息变更；其中，符合预备役条件，经部队确定需要办理预备役登记的，还应当办理预备役登记。

**第十八条** 县级以上地方人民政府兵役机关负责本行政区域兵役登记工作。

县、自治县、不设区的市、市辖区人民政府兵役机关每年组织兵役登记信息核验,会同有关部门对公民兵役登记情况进行查验,确保兵役登记及时,信息准确完整。

## 第三章 平时征集

**第十九条** 全国每年征集服现役的士兵的人数、次数、时间和要求,由国务院和中央军事委员会的命令规定。

县级以上地方各级人民政府组织兵役机关和有关部门组成征集工作机构,负责组织实施征集工作。

**第二十条** 年满十八周岁的男性公民,应当被征集服现役;当年未被征集的,在二十二周岁以前仍可以被征集服现役。普通高等学校毕业生的征集年龄可以放宽至二十四周岁,研究生的征集年龄可以放宽至二十六周岁。

根据军队需要,可以按照前款规定征集女性公民服现役。

根据军队需要和本人自愿,可以征集年满十七周岁未满十八周岁的公民服现役。

**第二十一条** 经初次兵役登记并初步审查符合征集条件的公民,称应征公民。

在征集期间,应征公民应当按照县、自治县、不设区的市、市辖区征集工作机构的通知,按时参加体格检查等征集活动。

应征公民符合服现役条件,并经县、自治县、不设区的市、市辖区征集工作机构批准的,被征集服现役。

**第二十二条** 在征集期间,应征公民被征集服现役,同时被机关、团体、企业事业组织招录或者聘用的,应当优先履行服兵役义务;有关机关、团体、企业事业组织应当服从国防和军队建设的需要,支持兵员征集工作。

**第二十三条** 应征公民是维持家庭生活唯一劳动力的,可以缓征。

**第二十四条** 应征公民因涉嫌犯罪正在被依法监察调查、侦查、起诉、审判或者被判处徒刑、拘役、管制正在服刑的，不征集。

## 第四章 士兵的现役和预备役

**第二十五条** 现役士兵包括义务兵役制士兵和志愿兵役制士兵，义务兵役制士兵称义务兵，志愿兵役制士兵称军士。

**第二十六条** 义务兵服现役的期限为二年。

**第二十七条** 义务兵服现役期满，根据军队需要和本人自愿，经批准可以选改为军士；服现役期间表现特别优秀的，经批准可以提前选改为军士。根据军队需要，可以直接从非军事部门具有专业技能的公民中招收军士。

军士实行分级服现役制度。军士服现役的期限一般不超过三十年，年龄不超过五十五周岁。

军士分级服现役的办法和直接从非军事部门招收军士的办法，按照国家和军队有关规定执行。

**第二十八条** 士兵服现役期满，应当退出现役。

士兵因国家建设或者军队编制调整需要退出现役的，经军队医院诊断证明本人健康状况不适合继续服现役的，或者因其他特殊原因需要退出现役的，经批准可以提前退出现役。

**第二十九条** 士兵服现役的时间自征集工作机构批准入伍之日起算。

士兵退出现役的时间为部队下达退出现役命令之日。

**第三十条** 依照本法第十七条规定经过预备役登记的退出现役的士兵，由部队会同兵役机关根据军队需要，遴选确定服士兵预备役；经过考核，适合担任预备役军官职务的，服军官预备役。

**第三十一条** 依照本法第十六条规定经过预备役登记的公民，符合士兵预备役条件的，由部队会同兵役机关根据军队需要，遴选确定服士兵预备役。

**第三十二条** 预备役士兵服预备役的最高年龄，依照其他有关法律规定执行。

预备役士兵达到服预备役最高年龄的，退出预备役。

## 第五章 军官的现役和预备役

**第三十三条** 现役军官从下列人员中选拔、招收：

（一）军队院校毕业学员；

（二）普通高等学校应届毕业生；

（三）表现优秀的现役士兵；

（四）军队需要的专业技术人员和其他人员。

战时根据需要，可以从现役士兵、军队院校学员、征召的预备役军官和其他人员中直接任命军官。

**第三十四条** 预备役军官包括下列人员：

（一）确定服军官预备役的退出现役的军官；

（二）确定服军官预备役的退出现役的士兵；

（三）确定服军官预备役的专业技术人员和其他人员。

**第三十五条** 军官服现役和服预备役的最高年龄，依照其他有关法律规定执行。

**第三十六条** 现役军官按照规定服现役已满最高年龄或者衔级最高年限的，退出现役；需要延长服现役或者暂缓退出现役的，依照有关法律规定执行。

现役军官按照规定服现役未满最高年龄或者衔级最高年限，因特殊情况需要退出现役的，经批准可以退出现役。

**第三十七条** 依照本法第十七条规定经过预备役登记的退出现役的军官、依照本法第十六条规定经过预备役登记的公民，符合军官预备役条件的，由部队会同兵役机关根据军队需要，遴选确定服军官预备役。

预备役军官按照规定服预备役已满最高年龄的，退出预备役。

## 第六章 军队院校从青年学生中招收的学员

**第三十八条** 根据军队建设的需要,军队院校可以从青年学生中招收学员。招收学员的年龄,不受征集服现役年龄的限制。

**第三十九条** 学员完成学业达到军队培养目标的,由院校发给毕业证书;按照规定任命为现役军官或者军士。

**第四十条** 学员未达到军队培养目标或者不符合军队培养要求的,由院校按照国家和军队有关规定发给相应证书,并采取多种方式分流;其中,回入学前户口所在地的学员,就读期间其父母已办理户口迁移手续的,可以回父母现户口所在地,由县、自治县、不设区的市、市辖区的人民政府按照国家有关规定接收安置。

**第四十一条** 学员被开除学籍的,回入学前户口所在地;就读期间其父母已办理户口迁移手续的,可以回父母现户口所在地,由县、自治县、不设区的市、市辖区的人民政府按照国家有关规定办理。

**第四十二条** 军队院校从现役士兵中招收的学员,适用本法第三十九条、第四十条、第四十一条的规定。

## 第七章 战时兵员动员

**第四十三条** 为了应对国家主权、统一、领土完整、安全和发展利益遭受的威胁,抵抗侵略,各级人民政府、各级军事机关,在平时必须做好战时兵员动员的准备工作。

**第四十四条** 在国家发布动员令或者国务院、中央军事委员会依照《中华人民共和国国防动员法》采取必要的国防动员措施后,各级人民政府、各级军事机关必须依法迅速实施动员,军人停止退出现役,休假、探亲的军人立即归队,预备役人员随时准备应召服现役,经过预备役登记的公民做好服预备役被征召的准备。

**第四十五条** 战时根据需要，国务院和中央军事委员会可以决定适当放宽征召男性公民服现役的年龄上限，可以决定延长公民服现役的期限。

**第四十六条** 战争结束后，需要复员的军人，根据国务院和中央军事委员会的复员命令，分期分批地退出现役，由各级人民政府妥善安置。

## 第八章 服役待遇和抚恤优待

**第四十七条** 国家保障军人享有符合军事职业特点、与其履行职责相适应的工资、津贴、住房、医疗、保险、休假、疗养等待遇。军人的待遇应当与国民经济发展相协调，与社会进步相适应。

女军人的合法权益受法律保护。军队应当根据女军人的特点，合理安排女军人的工作任务和休息休假，在生育、健康等方面为女军人提供特别保护。

**第四十八条** 预备役人员参战、参加军事训练、担负战备勤务、执行非战争军事行动任务，享受国家规定的伙食、交通等补助。预备役人员是机关、团体、企业事业组织工作人员的，参战、参加军事训练、担负战备勤务、执行非战争军事行动任务期间，所在单位应当保持其原有的工资、奖金和福利待遇。预备役人员的其他待遇保障依照有关法律法规和国家有关规定执行。

**第四十九条** 军人按照国家有关规定，在医疗、金融、交通、参观游览、法律服务、文化体育设施服务、邮政服务等方面享受优待政策。公民入伍时保留户籍。

军人因战、因公、因病致残的，按照国家规定评定残疾等级，发给残疾军人证，享受国家规定的待遇、优待和残疾抚恤金。因工作需要继续服现役的残疾军人，由所在部队按照规定发给残疾抚恤金。

军人牺牲、病故，国家按照规定发给其遗属抚恤金。

**第五十条** 国家建立义务兵家庭优待金制度。义务兵家庭优待金标准由地方人民政府制定，中央财政给予定额补助。具体补助办法由国务院退役军人工作主管部门、财政部门会同中央军事委员会机关有关部门制定。

义务兵和军士入伍前是机关、团体、事业单位或者国有企业工作人员的，退出现役后可以选择复职复工。

义务兵和军士入伍前依法取得的农村土地承包经营权，服现役期间应当保留。

**第五十一条**　现役军官和军士的子女教育，家属的随军、就业创业以及工作调动，享受国家和社会的优待。

符合条件的军人家属，其住房、医疗、养老按照有关规定享受优待。

军人配偶随军未就业期间，按照国家有关规定享受相应的保障待遇。

**第五十二条**　预备役人员因参战、参加军事训练、担负战备勤务、执行非战争军事行动任务致残、牺牲的，由当地人民政府依照有关规定给予抚恤优待。

## 第九章　退役军人的安置

**第五十三条**　对退出现役的义务兵，国家采取自主就业、安排工作、供养等方式妥善安置。

义务兵退出现役自主就业的，按照国家规定发给一次性退役金，由安置地的县级以上地方人民政府接收，根据当地的实际情况，可以发给经济补助。国家根据经济社会发展，适时调整退役金的标准。

服现役期间平时获得二等功以上荣誉或者战时获得三等功以上荣誉以及属于烈士子女的义务兵退出现役，由安置地的县级以上地方人民政府安排工作；待安排工作期间由当地人民政府按照国家有关规定发给生活补助费；根据本人自愿，也可以选择自主就业。

因战、因公、因病致残的义务兵退出现役，按照国家规定的评定残疾等级采取安排工作、供养等方式予以妥善安置；符合安排工作条件的，根据本人自愿，也可以选择自主就业。

**第五十四条** 对退出现役的军士，国家采取逐月领取退役金、自主就业、安排工作、退休、供养等方式妥善安置。

军士退出现役，服现役满规定年限的，采取逐月领取退役金方式予以妥善安置。

军士退出现役，服现役满十二年或者符合国家规定的其他条件的，由安置地的县级以上地方人民政府安排工作；待安排工作期间由当地人民政府按照国家有关规定发给生活补助费；根据本人自愿，也可以选择自主就业。

军士服现役满三十年或者年满五十五周岁或者符合国家规定的其他条件的，作退休安置。

因战、因公、因病致残的军士退出现役，按照国家规定的评定残疾等级采取安排工作、退休、供养等方式予以妥善安置；符合安排工作条件的，根据本人自愿，也可以选择自主就业。

军士退出现役，不符合本条第二款至第五款规定条件的，依照本法第五十三条规定的自主就业方式予以妥善安置。

**第五十五条** 对退出现役的军官，国家采取退休、转业、逐月领取退役金、复员等方式妥善安置；其安置方式的适用条件，依照有关法律法规的规定执行。

**第五十六条** 残疾军人、患慢性病的军人退出现役后，由安置地的县级以上地方人民政府按照国务院、中央军事委员会的有关规定负责接收安置；其中，患过慢性病旧病复发需要治疗的，由当地医疗机构负责给予治疗，所需医疗和生活费用，本人经济困难的，按照国家规定给予补助。

## 第十章 法律责任

**第五十七条** 有服兵役义务的公民有下列行为之一的，由县级人民政府责令限期改正；逾期不改正的，由县级人民政府强制其履行兵役义务，并处以罚款：

（一）拒绝、逃避兵役登记的；

（二）应征公民拒绝、逃避征集服现役的；

（三）预备役人员拒绝、逃避参加军事训练、担负战备勤务、执行非战争军事行动任务和征召的。

有前款第二项行为，拒不改正的，不得录用为公务员或者参照《中华人民共和国公务员法》管理的工作人员，不得招录、聘用为国有企业和事业单位工作人员，两年内不准出境或者升学复学，纳入履行国防义务严重失信主体名单实施联合惩戒。

**第五十八条** 军人以逃避服兵役为目的，拒绝履行职责或者逃离部队的，按照中央军事委员会的规定给予处分。

军人有前款行为被军队除名、开除军籍或者被依法追究刑事责任的，依照本法第五十七条第二款的规定处罚；其中，被军队除名的，并处以罚款。

明知是逃离部队的军人而招录、聘用的，由县级人民政府责令改正，并处以罚款。

**第五十九条** 机关、团体、企业事业组织拒绝完成本法规定的兵役工作任务的，阻挠公民履行兵役义务的，或者有其他妨害兵役工作行为的，由县级以上地方人民政府责令改正，并可以处以罚款；对单位负有责任的领导人员、直接负责的主管人员和其他直接责任人员，依法予以处罚。

**第六十条** 扰乱兵役工作秩序，或者阻碍兵役工作人员依法执行职务的，依照《中华人民共和国治安管理处罚法》的规定处罚。

**第六十一条** 国家工作人员和军人在兵役工作中，有下列行为之一的，依法给予处分：

（一）贪污贿赂的；

（二）滥用职权或者玩忽职守的；

（三）徇私舞弊，接送不合格兵员的；

（四）泄露或者向他人非法提供兵役个人信息的。

**第六十二条** 违反本法规定，构成犯罪的，依法追究刑事责任。

**第六十三条** 本法第五十七条、第五十八条、第五十九条规定的处罚，由县级以上地方人民政府兵役机关会同有关部门查明事实，经同级地方人民政府作出处罚决定后，由县级以上地方人民政府兵役机关、发展改革、公安、退役军人工作、卫生健康、教育、人力资源和社会保障等部门按照职责分工具体执行。

## 第十一章 附 则

**第六十四条** 本法适用于中国人民武装警察部队。

**第六十五条** 本法自2021年10月1日起施行。

# 中华人民共和国人口与计划生育法

（2001年12月29日第九届全国人民代表大会常务委员会第二十五次会议通过 根据2015年12月27日第十二届全国人民代表大会常务委员会第十八次会议《关于修改〈中华人民共和国人口与计划生育法〉的决定》第一次修正 根据2021年8月20日第十三届全国人民代表大会常务委员会第三十次会议《关于修改〈中华人民共和国人口与计划生育法〉的决定》第二次修正）

## 目 录

第一章 总 则
第二章 人口发展规划的制定与实施
第三章 生育调节
第四章 奖励与社会保障

第五章　计划生育服务
第六章　法律责任
第七章　附　　则

## 第一章　总　　则

**第一条**　为了实现人口与经济、社会、资源、环境的协调发展，推行计划生育，维护公民的合法权益，促进家庭幸福、民族繁荣与社会进步，根据宪法，制定本法。

**第二条**　我国是人口众多的国家，实行计划生育是国家的基本国策。

国家采取综合措施，调控人口数量，提高人口素质，推动实现适度生育水平，优化人口结构，促进人口长期均衡发展。

国家依靠宣传教育、科学技术进步、综合服务、建立健全奖励和社会保障制度，开展人口与计划生育工作。

**第三条**　开展人口与计划生育工作，应当与增加妇女受教育和就业机会、增进妇女健康、提高妇女地位相结合。

**第四条**　各级人民政府及其工作人员在推行计划生育工作中应当严格依法行政，文明执法，不得侵犯公民的合法权益。

卫生健康主管部门及其工作人员依法执行公务受法律保护。

**第五条**　国务院领导全国的人口与计划生育工作。

地方各级人民政府领导本行政区域内的人口与计划生育工作。

**第六条**　国务院卫生健康主管部门负责全国计划生育工作和与计划生育有关的人口工作。

县级以上地方各级人民政府卫生健康主管部门负责本行政区域内的计划生育工作和与计划生育有关的人口工作。

县级以上各级人民政府其他有关部门在各自的职责范围内，负责有关的人口与计划生育工作。

**第七条** 工会、共产主义青年团、妇女联合会及计划生育协会等社会团体、企业事业组织和公民应当协助人民政府开展人口与计划生育工作。

**第八条** 国家对在人口与计划生育工作中作出显著成绩的组织和个人,给予奖励。

## 第二章 人口发展规划的制定与实施

**第九条** 国务院编制人口发展规划,并将其纳入国民经济和社会发展计划。

县级以上地方各级人民政府根据全国人口发展规划以及上一级人民政府人口发展规划,结合当地实际情况编制本行政区域的人口发展规划,并将其纳入国民经济和社会发展计划。

**第十条** 县级以上各级人民政府根据人口发展规划,制定人口与计划生育实施方案并组织实施。

县级以上各级人民政府卫生健康主管部门负责实施人口与计划生育实施方案的日常工作。

乡、民族乡、镇的人民政府和城市街道办事处负责本管辖区域内的人口与计划生育工作,贯彻落实人口与计划生育实施方案。

**第十一条** 人口与计划生育实施方案应当规定调控人口数量,提高人口素质,推动实现适度生育水平,优化人口结构,加强母婴保健和婴幼儿照护服务,促进家庭发展的措施。

**第十二条** 村民委员会、居民委员会应当依法做好计划生育工作。

机关、部队、社会团体、企业事业组织应当做好本单位的计划生育工作。

**第十三条** 卫生健康、教育、科技、文化、民政、新闻出版、广播电视等部门应当组织开展人口与计划生育宣传教育。

大众传媒负有开展人口与计划生育的社会公益性宣传的义务。

学校应当在学生中，以符合受教育者特征的适当方式，有计划地开展生理卫生教育、青春期教育或者性健康教育。

**第十四条** 流动人口的计划生育工作由其户籍所在地和现居住地的人民政府共同负责管理，以现居住地为主。

**第十五条** 国家根据国民经济和社会发展状况逐步提高人口与计划生育经费投入的总体水平。各级人民政府应当保障人口与计划生育工作必要的经费。

各级人民政府应当对欠发达地区、少数民族地区开展人口与计划生育工作给予重点扶持。

国家鼓励社会团体、企业事业组织和个人为人口与计划生育工作提供捐助。

任何单位和个人不得截留、克扣、挪用人口与计划生育工作费用。

**第十六条** 国家鼓励开展人口与计划生育领域的科学研究和对外交流与合作。

## 第三章 生 育 调 节

**第十七条** 公民有生育的权利，也有依法实行计划生育的义务，夫妻双方在实行计划生育中负有共同的责任。

**第十八条** 国家提倡适龄婚育、优生优育。一对夫妻可以生育三个子女。

符合法律、法规规定条件的，可以要求安排再生育子女。具体办法由省、自治区、直辖市人民代表大会或者其常务委员会规定。

少数民族也要实行计划生育，具体办法由省、自治区、直辖市人民代表大会或者其常务委员会规定。

夫妻双方户籍所在地的省、自治区、直辖市之间关于再生育子女的规定不一致的，按照有利于当事人的原则适用。

**第十九条** 国家创造条件，保障公民知情选择安全、有效、适宜的避孕节育措施。实施避孕节育手术,应当保证受术者的安全。

**第二十条** 育龄夫妻自主选择计划生育避孕节育措施,预防和减少非意愿妊娠。

**第二十一条** 实行计划生育的育龄夫妻免费享受国家规定的基本项目的计划生育技术服务。

前款规定所需经费,按照国家有关规定列入财政预算或者由社会保险予以保障。

**第二十二条** 禁止歧视、虐待生育女婴的妇女和不育的妇女。

禁止歧视、虐待、遗弃女婴。

## 第四章 奖励与社会保障

**第二十三条** 国家对实行计划生育的夫妻,按照规定给予奖励。

**第二十四条** 国家建立、健全基本养老保险、基本医疗保险、生育保险和社会福利等社会保障制度,促进计划生育。

国家鼓励保险公司举办有利于计划生育的保险项目。

**第二十五条** 符合法律、法规规定生育子女的夫妻,可以获得延长生育假的奖励或者其他福利待遇。

国家支持有条件的地方设立父母育儿假。

**第二十六条** 妇女怀孕、生育和哺乳期间,按照国家有关规定享受特殊劳动保护并可以获得帮助和补偿。国家保障妇女就业合法权益,为因生育影响就业的妇女提供就业服务。

公民实行计划生育手术,享受国家规定的休假。

**第二十七条** 国家采取财政、税收、保险、教育、住房、就业等支持措施,减轻家庭生育、养育、教育负担。

**第二十八条** 县级以上各级人民政府综合采取规划、土地、住房、财政、金融、人才等措施,推动建立普惠托育服务体系,提高婴幼儿家庭获得服务的可及性和公平性。

国家鼓励和引导社会力量兴办托育机构，支持幼儿园和机关、企业事业单位、社区提供托育服务。

托育机构的设置和服务应当符合托育服务相关标准和规范。托育机构应当向县级人民政府卫生健康主管部门备案。

**第二十九条** 县级以上地方各级人民政府应当在城乡社区建设改造中，建设与常住人口规模相适应的婴幼儿活动场所及配套服务设施。

公共场所和女职工比较多的用人单位应当配置母婴设施，为婴幼儿照护、哺乳提供便利条件。

**第三十条** 县级以上各级人民政府应当加强对家庭婴幼儿照护的支持和指导，增强家庭的科学育儿能力。

医疗卫生机构应当按照规定为婴幼儿家庭开展预防接种、疾病防控等服务，提供膳食营养、生长发育等健康指导。

**第三十一条** 在国家提倡一对夫妻生育一个子女期间，自愿终身只生育一个子女的夫妻，国家发给《独生子女父母光荣证》。

获得《独生子女父母光荣证》的夫妻，按照国家和省、自治区、直辖市有关规定享受独生子女父母奖励。

法律、法规或者规章规定给予获得《独生子女父母光荣证》的夫妻奖励的措施中由其所在单位落实的，有关单位应当执行。

在国家提倡一对夫妻生育一个子女期间，按照规定应当享受计划生育家庭老年人奖励扶助的，继续享受相关奖励扶助，并在老年人福利、养老服务等方面给予必要的优先和照顾。

**第三十二条** 获得《独生子女父母光荣证》的夫妻，独生子女发生意外伤残、死亡的，按照规定获得扶助。县级以上各级人民政府建立、健全对上述人群的生活、养老、医疗、精神慰藉等全方位帮扶保障制度。

**第三十三条** 地方各级人民政府对农村实行计划生育的家庭发展经济，给予资金、技术、培训等方面的支持、优惠；对实行计划生育的贫困家庭，在扶贫贷款、以工代赈、扶贫项目和社会救济等方面给予优先照顾。

**第三十四条** 本章规定的奖励和社会保障措施，省、自治区、直辖市和设区的市、自治州的人民代表大会及其常务委员会或者人民政府可以依据本法和有关法律、行政法规的规定，结合当地实际情况，制定具体实施办法。

## 第五章 计划生育服务

**第三十五条** 国家建立婚前保健、孕产期保健制度，防止或者减少出生缺陷，提高出生婴儿健康水平。

**第三十六条** 各级人民政府应当采取措施，保障公民享有计划生育服务，提高公民的生殖健康水平。

**第三十七条** 医疗卫生机构应当针对育龄人群开展优生优育知识宣传教育，对育龄妇女开展围孕期、孕产期保健服务，承担计划生育、优生优育、生殖保健的咨询、指导和技术服务，规范开展不孕不育症诊疗。

**第三十八条** 计划生育技术服务人员应当指导实行计划生育的公民选择安全、有效、适宜的避孕措施。

国家鼓励计划生育新技术、新药具的研究、应用和推广。

**第三十九条** 严禁利用超声技术和其他技术手段进行非医学需要的胎儿性别鉴定；严禁非医学需要的选择性别的人工终止妊娠。

## 第六章 法律责任

**第四十条** 违反本法规定，有下列行为之一的，由卫生健康主管部门责令改正，给予警告，没收违法所得；违法所得一万元以上的，处违法所得二倍以上六倍以下的罚款；没有违法所得或者违法所得不足一万元的，处一万元以上三万元以下的罚款；情节严重的，由原发证机关吊销执业证书；构成犯罪的，依法追究刑事责任：

（一）非法为他人施行计划生育手术的；

（二）利用超声技术和其他技术手段为他人进行非医学需要的胎儿性别鉴定或者选择性别的人工终止妊娠的。

**第四十一条** 托育机构违反托育服务相关标准和规范的，由卫生健康主管部门责令改正，给予警告；拒不改正的，处五千元以上五万元以下的罚款；情节严重的，责令停止托育服务，并处五万元以上十万元以下的罚款。

托育机构有虐待婴幼儿行为的，其直接负责的主管人员和其他直接责任人员终身不得从事婴幼儿照护服务；构成犯罪的，依法追究刑事责任。

**第四十二条** 计划生育技术服务人员违章操作或者延误抢救、诊治，造成严重后果的，依照有关法律、行政法规的规定承担相应的法律责任。

**第四十三条** 国家机关工作人员在计划生育工作中，有下列行为之一，构成犯罪的，依法追究刑事责任；尚不构成犯罪的，依法给予处分；有违法所得的，没收违法所得：

（一）侵犯公民人身权、财产权和其他合法权益的；

（二）滥用职权、玩忽职守、徇私舞弊的；

（三）索取、收受贿赂的；

（四）截留、克扣、挪用、贪污计划生育经费的；

（五）虚报、瞒报、伪造、篡改或者拒报人口与计划生育统计数据的。

**第四十四条** 违反本法规定，不履行协助计划生育管理义务的，由有关地方人民政府责令改正，并给予通报批评；对直接负责的主管人员和其他直接责任人员依法给予处分。

**第四十五条** 拒绝、阻碍卫生健康主管部门及其工作人员依法执行公务的，由卫生健康主管部门给予批评教育并予以制止；构成违反治安管理行为的，依法给予治安管理处罚；构成犯罪的，依法追究刑事责任。

**第四十六条** 公民、法人或者其他组织认为行政机关在实施计划生育管理过程中侵犯其合法权益,可以依法申请行政复议或者提起行政诉讼。

## 第七章 附 则

**第四十七条** 中国人民解放军和中国人民武装警察部队执行本法的具体办法,由中央军事委员会依据本法制定。

**第四十八条** 本法自2002年9月1日起施行。

# 行政法规

## 关键信息基础设施安全保护条例

（2021年4月27日国务院第133次常务会议通过　2021年7月30日中华人民共和国国务院令第745号公布　自2021年9月1日起施行）

### 第一章　总　　则

**第一条**　为了保障关键信息基础设施安全，维护网络安全，根据《中华人民共和国网络安全法》，制定本条例。

**第二条**　本条例所称关键信息基础设施，是指公共通信和信息服务、能源、交通、水利、金融、公共服务、电子政务、国防科技工业等重要行业和领域的，以及其他一旦遭到破坏、丧失功能或者数据泄露，可能严重危害国家安全、国计民生、公共利益的重要网络设施、信息系统等。

**第三条**　在国家网信部门统筹协调下，国务院公安部门负责指导监督关键信息基础设施安全保护工作。国务院电信主管部门和其他有关部门依照本条例和有关法律、行政法规的规定，在各自职责范围内负责关键信息基础设施安全保护和监督管理工作。

省级人民政府有关部门依据各自职责对关键信息基础设施实施安全保护和监督管理。

**第四条**　关键信息基础设施安全保护坚持综合协调、分工负责、依法保护，强化和落实关键信息基础设施运营者（以下简称运营者）主体责任，充分发挥政府及社会各方面的作用，共同保护关键信息基础设施安全。

**第五条** 国家对关键信息基础设施实行重点保护,采取措施,监测、防御、处置来源于中华人民共和国境内外的网络安全风险和威胁,保护关键信息基础设施免受攻击、侵入、干扰和破坏,依法惩治危害关键信息基础设施安全的违法犯罪活动。

任何个人和组织不得实施非法侵入、干扰、破坏关键信息基础设施的活动,不得危害关键信息基础设施安全。

**第六条** 运营者依照本条例和有关法律、行政法规的规定以及国家标准的强制性要求,在网络安全等级保护的基础上,采取技术保护措施和其他必要措施,应对网络安全事件,防范网络攻击和违法犯罪活动,保障关键信息基础设施安全稳定运行,维护数据的完整性、保密性和可用性。

**第七条** 对在关键信息基础设施安全保护工作中取得显著成绩或者作出突出贡献的单位和个人,按照国家有关规定给予表彰。

## 第二章 关键信息基础设施认定

**第八条** 本条例第二条涉及的重要行业和领域的主管部门、监督管理部门是负责关键信息基础设施安全保护工作的部门(以下简称保护工作部门)。

**第九条** 保护工作部门结合本行业、本领域实际,制定关键信息基础设施认定规则,并报国务院公安部门备案。

制定认定规则应当主要考虑下列因素:

(一)网络设施、信息系统等对于本行业、本领域关键核心业务的重要程度;

(二)网络设施、信息系统等一旦遭到破坏、丧失功能或者数据泄露可能带来的危害程度;

(三)对其他行业和领域的关联性影响。

**第十条** 保护工作部门根据认定规则负责组织认定本行业、

本领域的关键信息基础设施,及时将认定结果通知运营者,并通报国务院公安部门。

**第十一条** 关键信息基础设施发生较大变化,可能影响其认定结果的,运营者应当及时将相关情况报告保护工作部门。保护工作部门自收到报告之日起3个月内完成重新认定,将认定结果通知运营者,并通报国务院公安部门。

## 第三章 运营者责任义务

**第十二条** 安全保护措施应当与关键信息基础设施同步规划、同步建设、同步使用。

**第十三条** 运营者应当建立健全网络安全保护制度和责任制,保障人力、财力、物力投入。运营者的主要负责人对关键信息基础设施安全保护负总责,领导关键信息基础设施安全保护和重大网络安全事件处置工作,组织研究解决重大网络安全问题。

**第十四条** 运营者应当设置专门安全管理机构,并对专门安全管理机构负责人和关键岗位人员进行安全背景审查。审查时,公安机关、国家安全机关应当予以协助。

**第十五条** 专门安全管理机构具体负责本单位的关键信息基础设施安全保护工作,履行下列职责:

(一)建立健全网络安全管理、评价考核制度,拟订关键信息基础设施安全保护计划;

(二)组织推动网络安全防护能力建设,开展网络安全监测、检测和风险评估;

(三)按照国家及行业网络安全事件应急预案,制定本单位应急预案,定期开展应急演练,处置网络安全事件;

(四)认定网络安全关键岗位,组织开展网络安全工作考核,提出奖励和惩处建议;

(五)组织网络安全教育、培训;

（六）履行个人信息和数据安全保护责任，建立健全个人信息和数据安全保护制度；

（七）对关键信息基础设施设计、建设、运行、维护等服务实施安全管理；

（八）按照规定报告网络安全事件和重要事项。

**第十六条** 运营者应当保障专门安全管理机构的运行经费、配备相应的人员，开展与网络安全和信息化有关的决策应当有专门安全管理机构人员参与。

**第十七条** 运营者应当自行或者委托网络安全服务机构对关键信息基础设施每年至少进行一次网络安全检测和风险评估，对发现的安全问题及时整改，并按照保护工作部门要求报送情况。

**第十八条** 关键信息基础设施发生重大网络安全事件或者发现重大网络安全威胁时，运营者应当按照有关规定向保护工作部门、公安机关报告。

发生关键信息基础设施整体中断运行或者主要功能故障、国家基础信息以及其他重要数据泄露、较大规模个人信息泄露、造成较大经济损失、违法信息较大范围传播等特别重大网络安全事件或者发现特别重大网络安全威胁时，保护工作部门应当在收到报告后，及时向国家网信部门、国务院公安部门报告。

**第十九条** 运营者应当优先采购安全可信的网络产品和服务；采购网络产品和服务可能影响国家安全的，应当按照国家网络安全规定通过安全审查。

**第二十条** 运营者采购网络产品和服务，应当按照国家有关规定与网络产品和服务提供者签订安全保密协议，明确提供者的技术支持和安全保密义务与责任，并对义务与责任履行情况进行监督。

**第二十一条** 运营者发生合并、分立、解散等情况，应当及时报告保护工作部门，并按照保护工作部门的要求对关键信息基础设施进行处置，确保安全。

## 第四章 保障和促进

**第二十二条** 保护工作部门应当制定本行业、本领域关键信息基础设施安全规划，明确保护目标、基本要求、工作任务、具体措施。

**第二十三条** 国家网信部门统筹协调有关部门建立网络安全信息共享机制，及时汇总、研判、共享、发布网络安全威胁、漏洞、事件等信息，促进有关部门、保护工作部门、运营者以及网络安全服务机构等之间的网络安全信息共享。

**第二十四条** 保护工作部门应当建立健全本行业、本领域的关键信息基础设施网络安全监测预警制度，及时掌握本行业、本领域关键信息基础设施运行状况、安全态势，预警通报网络安全威胁和隐患，指导做好安全防范工作。

**第二十五条** 保护工作部门应当按照国家网络安全事件应急预案的要求，建立健全本行业、本领域的网络安全事件应急预案，定期组织应急演练；指导运营者做好网络安全事件应对处置，并根据需要组织提供技术支持与协助。

**第二十六条** 保护工作部门应当定期组织开展本行业、本领域关键信息基础设施网络安全检查检测，指导监督运营者及时整改安全隐患、完善安全措施。

**第二十七条** 国家网信部门统筹协调国务院公安部门、保护工作部门对关键信息基础设施进行网络安全检查检测，提出改进措施。

有关部门在开展关键信息基础设施网络安全检查时，应当加强协同配合、信息沟通，避免不必要的检查和交叉重复检查。检查工作不得收取费用，不得要求被检查单位购买指定品牌或者指定生产、销售单位的产品和服务。

**第二十八条** 运营者对保护工作部门开展的关键信息基础设

施网络安全检查检测工作，以及公安、国家安全、保密行政管理、密码管理等有关部门依法开展的关键信息基础设施网络安全检查工作应当予以配合。

**第二十九条** 在关键信息基础设施安全保护工作中，国家网信部门和国务院电信主管部门、国务院公安部门等应当根据保护工作部门的需要，及时提供技术支持和协助。

**第三十条** 网信部门、公安机关、保护工作部门等有关部门，网络安全服务机构及其工作人员对于在关键信息基础设施安全保护工作中获取的信息，只能用于维护网络安全，并严格按照有关法律、行政法规的要求确保信息安全，不得泄露、出售或者非法向他人提供。

**第三十一条** 未经国家网信部门、国务院公安部门批准或者保护工作部门、运营者授权，任何个人和组织不得对关键信息基础设施实施漏洞探测、渗透性测试等可能影响或者危害关键信息基础设施安全的活动。对基础电信网络实施漏洞探测、渗透性测试等活动，应当事先向国务院电信主管部门报告。

**第三十二条** 国家采取措施，优先保障能源、电信等关键信息基础设施安全运行。

能源、电信行业应当采取措施，为其他行业和领域的关键信息基础设施安全运行提供重点保障。

**第三十三条** 公安机关、国家安全机关依据各自职责依法加强关键信息基础设施安全保卫，防范打击针对和利用关键信息基础设施实施的违法犯罪活动。

**第三十四条** 国家制定和完善关键信息基础设施安全标准，指导、规范关键信息基础设施安全保护工作。

**第三十五条** 国家采取措施，鼓励网络安全专门人才从事关键信息基础设施安全保护工作；将运营者安全管理人员、安全技术人员培训纳入国家继续教育体系。

**第三十六条** 国家支持关键信息基础设施安全防护技术创新

和产业发展，组织力量实施关键信息基础设施安全技术攻关。

**第三十七条** 国家加强网络安全服务机构建设和管理，制定管理要求并加强监督指导，不断提升服务机构能力水平，充分发挥其在关键信息基础设施安全保护中的作用。

**第三十八条** 国家加强网络安全军民融合，军地协同保护关键信息基础设施安全。

## 第五章 法律责任

**第三十九条** 运营者有下列情形之一的，由有关主管部门依据职责责令改正，给予警告；拒不改正或者导致危害网络安全等后果的，处10万元以上100万元以下罚款，对直接负责的主管人员处1万元以上10万元以下罚款：

（一）在关键信息基础设施发生较大变化，可能影响其认定结果时未及时将相关情况报告保护工作部门的；

（二）安全保护措施未与关键信息基础设施同步规划、同步建设、同步使用的；

（三）未建立健全网络安全保护制度和责任制的；

（四）未设置专门安全管理机构的；

（五）未对专门安全管理机构负责人和关键岗位人员进行安全背景审查的；

（六）开展与网络安全和信息化有关的决策没有专门安全管理机构人员参与的；

（七）专门安全管理机构未履行本条例第十五条规定的职责的；

（八）未对关键信息基础设施每年至少进行一次网络安全检测和风险评估，未对发现的安全问题及时整改，或者未按照保护工作部门要求报送情况的；

（九）采购网络产品和服务，未按照国家有关规定与网络产品和服务提供者签订安全保密协议的；

（十）发生合并、分立、解散等情况，未及时报告保护工作部门，或者未按照保护工作部门的要求对关键信息基础设施进行处置的。

**第四十条** 运营者在关键信息基础设施发生重大网络安全事件或者发现重大网络安全威胁时，未按照有关规定向保护工作部门、公安机关报告的，由保护工作部门、公安机关依据职责责令改正，给予警告；拒不改正或者导致危害网络安全等后果的，处10万元以上100万元以下罚款，对直接负责的主管人员处1万元以上10万元以下罚款。

**第四十一条** 运营者采购可能影响国家安全的网络产品和服务，未按照国家网络安全规定进行安全审查的，由国家网信部门等有关主管部门依据职责责令改正，处采购金额1倍以上10倍以下罚款，对直接负责的主管人员和其他直接责任人员处1万元以上10万元以下罚款。

**第四十二条** 运营者对保护工作部门开展的关键信息基础设施网络安全检查检测工作，以及公安、国家安全、保密行政管理、密码管理等有关部门依法开展的关键信息基础设施网络安全检查工作不予配合的，由有关主管部门责令改正；拒不改正的，处5万元以上50万元以下罚款，对直接负责的主管人员和其他直接责任人员处1万元以上10万元以下罚款；情节严重的，依法追究相应法律责任。

**第四十三条** 实施非法侵入、干扰、破坏关键信息基础设施，危害其安全的活动尚不构成犯罪的，依照《中华人民共和国网络安全法》有关规定，由公安机关没收违法所得，处5日以下拘留，可以并处5万元以上50万元以下罚款；情节较重的，处5日以上15日以下拘留，可以并处10万元以上100万元以下罚款。

单位有前款行为的，由公安机关没收违法所得，处10万元以上100万元以下罚款，并对直接负责的主管人员和其他直接责任人员依照前款规定处罚。

违反本条例第五条第二款和第三十一条规定，受到治安管理处罚的人员，5年内不得从事网络安全管理和网络运营关键岗位的工作；受到刑事处罚的人员，终身不得从事网络安全管理和网络运营关键岗位的工作。

**第四十四条** 网信部门、公安机关、保护工作部门和其他有关部门及其工作人员未履行关键信息基础设施安全保护和监督管理职责或者玩忽职守、滥用职权、徇私舞弊的，依法对直接负责的主管人员和其他直接责任人员给予处分。

**第四十五条** 公安机关、保护工作部门和其他有关部门在开展关键信息基础设施网络安全检查工作中收取费用，或者要求被检查单位购买指定品牌或者指定生产、销售单位的产品和服务的，由其上级机关责令改正，退还收取的费用；情节严重的，依法对直接负责的主管人员和其他直接责任人员给予处分。

**第四十六条** 网信部门、公安机关、保护工作部门等有关部门、网络安全服务机构及其工作人员将在关键信息基础设施安全保护工作中获取的信息用于其他用途，或者泄露、出售、非法向他人提供的，依法对直接负责的主管人员和其他直接责任人员给予处分。

**第四十七条** 关键信息基础设施发生重大和特别重大网络安全事件，经调查确定为责任事故的，除应当查明运营者责任并依法予以追究外，还应查明相关网络安全服务机构及有关部门的责任，对有失职、渎职及其他违法行为的，依法追究责任。

**第四十八条** 电子政务关键信息基础设施的运营者不履行本条例规定的网络安全保护义务的，依照《中华人民共和国网络安全法》有关规定予以处理。

**第四十九条** 违反本条例规定，给他人造成损害的，依法承担民事责任。

违反本条例规定，构成违反治安管理行为的，依法给予治安管理处罚；构成犯罪的，依法追究刑事责任。

## 第六章　附　则

**第五十条**　存储、处理涉及国家秘密信息的关键信息基础设施的安全保护，还应当遵守保密法律、行政法规的规定。

关键信息基础设施中的密码使用和管理，还应当遵守相关法律、行政法规的规定。

**第五十一条**　本条例自2021年9月1日起施行。

# 中华人民共和国市场主体登记管理条例

（2021年4月14日国务院第131次常务会议通过
2021年7月27日中华人民共和国国务院令第746号公布　自2022年3月1日起施行）

## 第一章　总　则

**第一条**　为了规范市场主体登记管理行为，推进法治化市场建设，维护良好市场秩序和市场主体合法权益，优化营商环境，制定本条例。

**第二条**　本条例所称市场主体，是指在中华人民共和国境内以营利为目的从事经营活动的下列自然人、法人及非法人组织：

（一）公司、非公司企业法人及其分支机构；

（二）个人独资企业、合伙企业及其分支机构；

（三）农民专业合作社（联合社）及其分支机构；

（四）个体工商户；

（五）外国公司分支机构；

（六）法律、行政法规规定的其他市场主体。

**第三条**　市场主体应当依照本条例办理登记。未经登记，不得以市场主体名义从事经营活动。法律、行政法规规定无需办理登记的除外。

市场主体登记包括设立登记、变更登记和注销登记。

**第四条** 市场主体登记管理应当遵循依法合规、规范统一、公开透明、便捷高效的原则。

**第五条** 国务院市场监督管理部门主管全国市场主体登记管理工作。

县级以上地方人民政府市场监督管理部门主管本辖区市场主体登记管理工作,加强统筹指导和监督管理。

**第六条** 国务院市场监督管理部门应当加强信息化建设,制定统一的市场主体登记数据和系统建设规范。

县级以上地方人民政府承担市场主体登记工作的部门(以下称登记机关)应当优化市场主体登记办理流程,提高市场主体登记效率,推行当场办结、一次办结、限时办结等制度,实现集中办理、就近办理、网上办理、异地可办,提升市场主体登记便利化程度。

**第七条** 国务院市场监督管理部门和国务院有关部门应当推动市场主体登记信息与其他政府信息的共享和运用,提升政府服务效能。

## 第二章 登记事项

**第八条** 市场主体的一般登记事项包括:

(一)名称;

(二)主体类型;

(三)经营范围;

(四)住所或者主要经营场所;

(五)注册资本或者出资额;

(六)法定代表人、执行事务合伙人或者负责人姓名。

除前款规定外,还应当根据市场主体类型登记下列事项:

（一）有限责任公司股东、股份有限公司发起人、非公司企业法人出资人的姓名或者名称；

（二）个人独资企业的投资人姓名及居所；

（三）合伙企业的合伙人名称或者姓名、住所、承担责任方式；

（四）个体工商户的经营者姓名、住所、经营场所；

（五）法律、行政法规规定的其他事项。

**第九条** 市场主体的下列事项应当向登记机关办理备案：

（一）章程或者合伙协议；

（二）经营期限或者合伙期限；

（三）有限责任公司股东或者股份有限公司发起人认缴的出资数额，合伙企业合伙人认缴或者实际缴付的出资数额、缴付期限和出资方式；

（四）公司董事、监事、高级管理人员；

（五）农民专业合作社（联合社）成员；

（六）参加经营的个体工商户家庭成员姓名；

（七）市场主体登记联络员、外商投资企业法律文件送达接受人；

（八）公司、合伙企业等市场主体受益所有人相关信息；

（九）法律、行政法规规定的其他事项。

**第十条** 市场主体只能登记一个名称，经登记的市场主体名称受法律保护。

市场主体名称由申请人依法自主申报。

**第十一条** 市场主体只能登记一个住所或者主要经营场所。

电子商务平台内的自然人经营者可以根据国家有关规定，将电子商务平台提供的网络经营场所作为经营场所。

省、自治区、直辖市人民政府可以根据有关法律、行政法规的规定和本地区实际情况，自行或者授权下级人民政府对住所或者主要经营场所作出更加便利市场主体从事经营活动的具体规定。

**第十二条** 有下列情形之一的，不得担任公司、非公司企业法人的法定代表人：

（一）无民事行为能力或者限制民事行为能力；

（二）因贪污、贿赂、侵占财产、挪用财产或者破坏社会主义市场经济秩序被判处刑罚，执行期满未逾5年，或者因犯罪被剥夺政治权利，执行期满未逾5年；

（三）担任破产清算的公司、非公司企业法人的法定代表人、董事或者厂长、经理，对破产负有个人责任的，自破产清算完结之日起未逾3年；

（四）担任因违法被吊销营业执照、责令关闭的公司、非公司企业法人的法定代表人，并负有个人责任的，自被吊销营业执照之日起未逾3年；

（五）个人所负数额较大的债务到期未清偿；

（六）法律、行政法规规定的其他情形。

**第十三条** 除法律、行政法规或者国务院决定另有规定外，市场主体的注册资本或者出资额实行认缴登记制，以人民币表示。

出资方式应当符合法律、行政法规的规定。公司股东、非公司企业法人出资人、农民专业合作社（联合社）成员不得以劳务、信用、自然人姓名、商誉、特许经营权或者设定担保的财产等作价出资。

**第十四条** 市场主体的经营范围包括一般经营项目和许可经营项目。经营范围中属于在登记前依法须经批准的许可经营项目，市场主体应当在申请登记时提交有关批准文件。

市场主体应当按照登记机关公布的经营项目分类标准办理经营范围登记。

## 第三章 登记规范

**第十五条** 市场主体实行实名登记。申请人应当配合登记机关核验身份信息。

**第十六条** 申请办理市场主体登记,应当提交下列材料:

(一)申请书;

(二)申请人资格文件、自然人身份证明;

(三)住所或者主要经营场所相关文件;

(四)公司、非公司企业法人、农民专业合作社(联合社)章程或者合伙企业合伙协议;

(五)法律、行政法规和国务院市场监督管理部门规定提交的其他材料。

国务院市场监督管理部门应当根据市场主体类型分别制定登记材料清单和文书格式样本,通过政府网站、登记机关服务窗口等向社会公开。

登记机关能够通过政务信息共享平台获取的市场主体登记相关信息,不得要求申请人重复提供。

**第十七条** 申请人应当对提交材料的真实性、合法性和有效性负责。

**第十八条** 申请人可以委托其他自然人或者中介机构代其办理市场主体登记。受委托的自然人或者中介机构代为办理登记事宜应当遵守有关规定,不得提供虚假信息和材料。

**第十九条** 登记机关应当对申请材料进行形式审查。对申请材料齐全、符合法定形式的予以确认并当场登记。不能当场登记的,应当在3个工作日内予以登记;情形复杂的,经登记机关负责人批准,可以再延长3个工作日。

申请材料不齐全或者不符合法定形式的,登记机关应当一次性告知申请人需要补正的材料。

**第二十条** 登记申请不符合法律、行政法规规定,或者可能危害国家安全、社会公共利益的,登记机关不予登记并说明理由。

**第二十一条** 申请人申请市场主体设立登记,登记机关依法予以登记的,签发营业执照。营业执照签发日期为市场主体的成立日期。

法律、行政法规或者国务院决定规定设立市场主体须经批准的，应当在批准文件有效期内向登记机关申请登记。

**第二十二条** 营业执照分为正本和副本，具有同等法律效力。

电子营业执照与纸质营业执照具有同等法律效力。

营业执照样式、电子营业执照标准由国务院市场监督管理部门统一制定。

**第二十三条** 市场主体设立分支机构，应当向分支机构所在地的登记机关申请登记。

**第二十四条** 市场主体变更登记事项，应当自作出变更决议、决定或者法定变更事项发生之日起 30 日内向登记机关申请变更登记。

市场主体变更登记事项属于依法须经批准的，申请人应当在批准文件有效期内向登记机关申请变更登记。

**第二十五条** 公司、非公司企业法人的法定代表人在任职期间发生本条例第十二条所列情形之一的，应当向登记机关申请变更登记。

**第二十六条** 市场主体变更经营范围，属于依法须经批准的项目的，应当自批准之日起 30 日内申请变更登记。许可证或者批准文件被吊销、撤销或者有效期届满的，应当自许可证或者批准文件被吊销、撤销或者有效期届满之日起 30 日内向登记机关申请变更登记或者办理注销登记。

**第二十七条** 市场主体变更住所或者主要经营场所跨登记机关辖区的，应当在迁入新的住所或者主要经营场所前，向迁入地登记机关申请变更登记。迁出地登记机关无正当理由不得拒绝移交市场主体档案等相关材料。

**第二十八条** 市场主体变更登记涉及营业执照记载事项的，登记机关应当及时为市场主体换发营业执照。

**第二十九条** 市场主体变更本条例第九条规定的备案事项的，应当自作出变更决议、决定或者法定变更事项发生之日起 30

日内向登记机关办理备案。农民专业合作社(联合社)成员发生变更的,应当自本会计年度终了之日起 90 日内向登记机关办理备案。

**第三十条** 因自然灾害、事故灾难、公共卫生事件、社会安全事件等原因造成经营困难的,市场主体可以自主决定在一定时期内歇业。法律、行政法规另有规定的除外。

市场主体应当在歇业前与职工依法协商劳动关系处理等有关事项。

市场主体应当在歇业前向登记机关办理备案。登记机关通过国家企业信用信息公示系统向社会公示歇业期限、法律文书送达地址等信息。

市场主体歇业的期限最长不得超过 3 年。市场主体在歇业期间开展经营活动的,视为恢复营业,市场主体应当通过国家企业信用信息公示系统向社会公示。

市场主体歇业期间,可以以法律文书送达地址代替住所或者主要经营场所。

**第三十一条** 市场主体因解散、被宣告破产或者其他法定事由需要终止的,应当依法向登记机关申请注销登记。经登记机关注销登记,市场主体终止。

市场主体注销依法须经批准的,应当经批准后向登记机关申请注销登记。

**第三十二条** 市场主体注销登记前依法应当清算的,清算组应当自成立之日起 10 日内将清算组成员、清算组负责人名单通过国家企业信用信息公示系统公告。清算组可以通过国家企业信用信息公示系统发布债权人公告。

清算组应当自清算结束之日起 30 日内向登记机关申请注销登记。市场主体申请注销登记前,应当依法办理分支机构注销登记。

**第三十三条** 市场主体未发生债权债务或者已将债权债务清

偿完结,未发生或者已结清清偿费用、职工工资、社会保险费用、法定补偿金、应缴纳税款(滞纳金、罚款),并由全体投资人书面承诺对上述情况的真实性承担法律责任的,可以按照简易程序办理注销登记。

市场主体应当将承诺书及注销登记申请通过国家企业信用信息公示系统公示,公示期为 20 日。在公示期内无相关部门、债权人及其他利害关系人提出异议的,市场主体可以于公示期届满之日起 20 日内向登记机关申请注销登记。

个体工商户按照简易程序办理注销登记的,无需公示,由登记机关将个体工商户的注销登记申请推送至税务等有关部门,有关部门在 10 日内没有提出异议的,可以直接办理注销登记。

市场主体注销依法须经批准的,或者市场主体被吊销营业执照、责令关闭、撤销,或者被列入经营异常名录的,不适用简易注销程序。

**第三十四条** 人民法院裁定强制清算或者裁定宣告破产的,有关清算组、破产管理人可以持人民法院终结强制清算程序的裁定或者终结破产程序的裁定,直接向登记机关申请办理注销登记。

## 第四章 监督管理

**第三十五条** 市场主体应当按照国家有关规定公示年度报告和登记相关信息。

**第三十六条** 市场主体应当将营业执照置于住所或者主要经营场所的醒目位置。从事电子商务经营的市场主体应当在其首页显著位置持续公示营业执照信息或者相关链接标识。

**第三十七条** 任何单位和个人不得伪造、涂改、出租、出借、转让营业执照。

营业执照遗失或者毁坏的,市场主体应当通过国家企业信用信息公示系统声明作废,申请补领。

登记机关依法作出变更登记、注销登记和撤销登记决定的，市场主体应当缴回营业执照。拒不缴回或者无法缴回营业执照的，由登记机关通过国家企业信用信息公示系统公告营业执照作废。

**第三十八条** 登记机关应当根据市场主体的信用风险状况实施分级分类监管。

登记机关应当采取随机抽取检查对象、随机选派执法检查人员的方式，对市场主体登记事项进行监督检查，并及时向社会公开监督检查结果。

**第三十九条** 登记机关对市场主体涉嫌违反本条例规定的行为进行查处，可以行使下列职权：

（一）进入市场主体的经营场所实施现场检查；

（二）查阅、复制、收集与市场主体经营活动有关的合同、票据、账簿以及其他资料；

（三）向与市场主体经营活动有关的单位和个人调查了解情况；

（四）依法责令市场主体停止相关经营活动；

（五）依法查询涉嫌违法的市场主体的银行账户；

（六）法律、行政法规规定的其他职权。

登记机关行使前款第四项、第五项规定的职权的，应当经登记机关主要负责人批准。

**第四十条** 提交虚假材料或者采取其他欺诈手段隐瞒重要事实取得市场主体登记的，受虚假市场主体登记影响的自然人、法人和其他组织可以向登记机关提出撤销市场主体登记的申请。

登记机关受理申请后，应当及时开展调查。经调查认定存在虚假市场主体登记情形的，登记机关应当撤销市场主体登记。相关市场主体和人员无法联系或者拒不配合的，登记机关可以将相关市场主体的登记时间、登记事项等通过国家企业信用信息公示系统向社会公示，公示期为45日。相关市场主体及其利害关系人在公示期内没有提出异议的，登记机关可以撤销市场主体登记。

因虚假市场主体登记被撤销的市场主体，其直接责任人自市场主体登记被撤销之日起3年内不得再次申请市场主体登记。登记机关应当通过国家企业信用信息公示系统予以公示。

**第四十一条** 有下列情形之一的，登记机关可以不予撤销市场主体登记：

（一）撤销市场主体登记可能对社会公共利益造成重大损害；

（二）撤销市场主体登记后无法恢复到登记前的状态；

（三）法律、行政法规规定的其他情形。

**第四十二条** 登记机关或者其上级机关认定撤销市场主体登记决定错误的，可以撤销该决定，恢复原登记状态，并通过国家企业信用信息公示系统公示。

## 第五章 法律责任

**第四十三条** 未经设立登记从事经营活动的，由登记机关责令改正，没收违法所得；拒不改正的，处1万元以上10万元以下的罚款；情节严重的，依法责令关闭停业，并处10万元以上50万元以下的罚款。

**第四十四条** 提交虚假材料或者采取其他欺诈手段隐瞒重要事实取得市场主体登记的，由登记机关责令改正，没收违法所得，并处5万元以上20万元以下的罚款；情节严重的，处20万元以上100万元以下的罚款，吊销营业执照。

**第四十五条** 实行注册资本实缴登记制的市场主体虚报注册资本取得市场主体登记的，由登记机关责令改正，处虚报注册资本金额5%以上15%以下的罚款；情节严重的，吊销营业执照。

实行注册资本实缴登记制的市场主体的发起人、股东虚假出资，未交付或者未按期交付作为出资的货币或者非货币财产的，或者在市场主体成立后抽逃出资的，由登记机关责令改正，处虚假出资金额5%以上15%以下的罚款。

**第四十六条** 市场主体未依照本条例办理变更登记的，由登记机关责令改正；拒不改正的，处 1 万元以上 10 万元以下的罚款；情节严重的，吊销营业执照。

**第四十七条** 市场主体未依照本条例办理备案的，由登记机关责令改正；拒不改正的，处 5 万元以下的罚款。

**第四十八条** 市场主体未依照本条例将营业执照置于住所或者主要经营场所醒目位置的，由登记机关责令改正；拒不改正的，处 3 万元以下的罚款。

从事电子商务经营的市场主体未在其首页显著位置持续公示营业执照信息或者相关链接标识的，由登记机关依照《中华人民共和国电子商务法》处罚。

市场主体伪造、涂改、出租、出借、转让营业执照的，由登记机关没收违法所得，处 10 万元以下的罚款；情节严重的，处 10 万元以上 50 万元以下的罚款，吊销营业执照。

**第四十九条** 违反本条例规定的，登记机关确定罚款金额时，应当综合考虑市场主体的类型、规模、违法情节等因素。

**第五十条** 登记机关及其工作人员违反本条例规定未履行职责或者履行职责不当的，对直接负责的主管人员和其他直接责任人员依法给予处分。

**第五十一条** 违反本条例规定，构成犯罪的，依法追究刑事责任。

**第五十二条** 法律、行政法规对市场主体登记管理违法行为处罚另有规定的，从其规定。

## 第六章 附 则

**第五十三条** 国务院市场监督管理部门可以依照本条例制定市场主体登记和监督管理的具体办法。

**第五十四条** 无固定经营场所摊贩的管理办法，由省、自治区、直辖市人民政府根据当地实际情况另行规定。

**第五十五条** 本条例自2022年3月1日起施行。《中华人民共和国公司登记管理条例》、《中华人民共和国企业法人登记管理条例》、《中华人民共和国合伙企业登记管理办法》、《农民专业合作社登记管理条例》、《企业法人法定代表人登记管理规定》同时废止。

# 国务院文件

## 国务院办公厅关于完善科技成果评价机制的指导意见

（2021年7月16日　国办发〔2021〕26号）

为健全完善科技成果评价体系，更好发挥科技成果评价作用，促进科技与经济社会发展更加紧密结合，加快推动科技成果转化为现实生产力，经国务院同意，现提出如下意见。

**一、总体要求**

（一）指导思想。以习近平新时代中国特色社会主义思想为指导，深入贯彻党的十九大和十九届二中、三中、四中、五中全会精神，深入实施创新驱动发展战略，深化科技体制改革，坚持正确的科技成果评价导向，创新科技成果评价方式，通过评价激发科技人员积极性，推动产出高质量成果、营造良好创新生态，促进创新链、产业链、价值链深度融合，为构建新发展格局和实现高质量发展提供有力支撑。

（二）基本原则。

坚持科技创新质量、绩效、贡献为核心的评价导向。充分发挥科技成果评价的“指挥棒”作用，全面准确反映成果创新水平、转化应用绩效和对经济社会发展的实际贡献，着力强化成果高质量供给与转化应用。

坚持科学分类、多维度评价。针对科技成果具有多元价值的特点，科学确定评价标准，开展多层次差别化评价，提高成果评价的标准化、规范化水平，解决分类评价体系不健全以及评价指标单一化、标准定量化、结果功利化的问题。

坚持正确处理政府和市场关系。充分发挥市场在资源配置中的决定性作用,更好发挥政府作用,引入第三方评价,加快技术市场建设,加快构建政府、社会组织、企业、投融资机构等共同参与的多元评价体系,充分调动各类评价主体的积极性,营造成果评价的良好创新生态。

坚持尊重科技创新规律。把握科研渐进性和成果阶段性的特点,创新成果评价方式方法,加强中长期评价、后评价和成果回溯,引导科研人员潜心研究、探索创新,推动科技成果价值早发现、早实现。

**二、主要工作措施**

(一)全面准确评价科技成果的科学、技术、经济、社会、文化价值。根据科技成果不同特点和评价目的,有针对性地评价科技成果的多元价值。科学价值重点评价在新发现、新原理、新方法方面的独创性贡献。技术价值重点评价重大技术发明,突出在解决产业关键共性技术问题、企业重大技术创新难题,特别是关键核心技术问题方面的成效。经济价值重点评价推广前景、预期效益、潜在风险等对经济和产业发展的影响。社会价值重点评价在解决人民健康、国防与公共安全、生态环境等重大瓶颈问题方面的成效。文化价值重点评价在倡导科学家精神、营造创新文化、弘扬社会主义核心价值观等方面的影响和贡献。

(二)健全完善科技成果分类评价体系。基础研究成果以同行评议为主,鼓励国际"小同行"评议,推行代表作制度,实行定量评价与定性评价相结合。应用研究成果以行业用户和社会评价为主,注重高质量知识产权产出,把新技术、新材料、新工艺、新产品、新设备样机性能等作为主要评价指标。不涉及军工、国防等敏感领域的技术开发和产业化成果,以用户评价、市场检验和第三方评价为主,把技术交易合同金额、市场估值、市场占有率、重大工程或重点企业应用情况等作为主要评价指标。探索建立重大成果研发过程回溯和阶段性评估机制，加强成果真实性和可靠性验证，合理评价成果研发过程性贡献。

（三）加快推进国家科技项目成果评价改革。按照“四个面向”要求深入推进科研管理改革试点，抓紧建立科技计划成果后评估制度。建设完善国家科技成果项目库，根据不同应用需求制定科技成果推广清单，推动财政性资金支持形成的非涉密科技成果信息按规定公开。改革国防科技成果评价制度，探索多主体参与评价的办法。完善高等院校、科研机构职务科技成果披露制度。建立健全重大项目知识产权管理流程，建立专利申请前评估制度，加大高质量专利转化应用绩效的评价权重，把企业专利战略布局纳入评价范围，杜绝简单以申请量、授权量为评价指标。

（四）大力发展科技成果市场化评价。健全协议定价、挂牌交易、拍卖、资产评估等多元化科技成果市场交易定价模式，加快建设现代化高水平技术交易市场。推动建立全国性知识产权和科技成果产权交易中心，完善技术要素交易与监管体系，支持高等院校、科研机构和企业科技成果进场交易，鼓励一定时期内未转化的财政性资金支持形成的成果进场集中发布信息并推动转化。建立全国技术交易信息发布机制，依法推动技术交易、科技成果、技术合同登记等信息数据互联互通。鼓励技术转移机构专业化、市场化、规范化发展，建立以技术经理人为主体的评价人员培养机制，鼓励技术转移机构和技术经理人全程参与发明披露、评估、对接谈判，面向市场开展科技成果专业化评价活动。提升国家科技成果转移转化示范区建设水平，发挥其在科技成果评价与转化中的先行先试作用。

（五）充分发挥金融投资在科技成果评价中的作用。完善科技成果评价与金融机构、投资公司的联动机制，引导相关金融机构、投资公司对科技成果潜在经济价值、市场估值、发展前景等进行商业化评价，通过在国家高新技术产业开发区设立分支机构、优化信用评价模型等，加大对科技成果转化和产业化的投融资支持。推广知识价值信用贷款模式，扩大知识产权质押融资规模。在知识产权已确权并能产生稳定现金流的前提下，规范探索知识产权证券化。加快推进国家科技成果转化引导基金管理改革，引导企业家、天使投资人、创业投资机构、专业化技术转移机构等各类市场主体提早介入研发活动。

（六）引导规范科技成果第三方评价。发挥行业协会、学会、研究会、专业化评估机构等在科技成果评价中的作用，强化自律管理，健全利益关联回避制度，促进市场评价活动规范发展。制定科技成果评价通用准则，细化具体领域评价技术标准和规范。建立健全科技成果第三方评价机构行业标准，明确资质、专业水平等要求，完善相关管理制度、标准规范及质量控制体系。形成并推广科技成果创新性、成熟度评价指标和方法。鼓励部门、地方、行业建立科技成果评价信息服务平台，发布成果评价政策、标准规范、方法工具和机构人员等信息，提高评价活动的公开透明度。推进评价诚信体系和制度建设，将科技成果评价失信行为纳入科研诚信管理信息系统，对在评价中弄虚作假、协助他人骗取评价、搞利益输送等违法违规行为“零容忍”、从严惩处，依法依规追究责任，优化科技成果评价行业生态。

（七）改革完善科技成果奖励体系。坚持公正性、荣誉性，重在奖励真正作出创造性贡献的科学家和一线科技人员，控制奖励数量，提升奖励质量。调整国家科技奖评奖周期。完善奖励提名制，规范提名制度、机制、流程，坚决排除人情、关系、利益等小圈子干扰，减轻科研人员负担。优化科技奖励项目，科学定位国家科技奖和省部级科技奖、社会力量设奖，构建结构合理、导向鲜明的中国特色科技奖励体系。强化国家科技奖励与国家重大战略需求的紧密结合，加大对基础研究和应用基础研究成果的奖励力度。培育高水平的社会力量科技奖励品牌，政府加强事中事后监督，提高科技奖励整体水平。

（八）坚决破解科技成果评价中的“唯论文、唯职称、唯学历、唯奖项”问题。全面纠正科技成果评价中单纯重数量指标、轻质量贡献等不良倾向，鼓励广大科技工作者把论文写在祖国大地上。以破除“唯论文”和“SCI 至上”为突破口，不把论文数量、代表作数量、影响因子作为唯一的量化考核评价指标。对具有重大学术影响、取得显著应用效果、为经济社会发展和国家安全作出突出贡献等高质量成果，提高其考核评价权重，具体由相关科技评价组织管理单位（机构）根据实际情况确定。不得把成果完成人的职称、学历、头衔、获奖情况、行政职务、承担科研项目数量等作为科技成果评价、科研项目绩效评价和人才计划评审的参考依据。科学确定个人、团队和单位在科技成果产出中的贡献，坚决扭转过分重排名、争排名的不良倾向。

（九）创新科技成果评价工具和模式。加强科技成果评价理论和方法研究，利用大数据、人工智能等技术手段，开发信息化评价工具，综合运用概念验证、技术预测、创新大赛、知识产权评估以及扶优式评审等方式，推广标准化评价。充分利用各类信息资源，建设跨行业、跨部门、跨地区的科技成果库、需求库、案例库和评价工具方法库。发布新应用场景目录，实施重大科技成果产业化应用示范工程，在重大项目和重点任务实施中运用评价结果。

（十）完善科技成果评价激励和免责机制。把科技成果转化绩效作为核心要求，纳入高等院校、科研机构、国有企业创新能力评价，细化完善有利于转化的职务科技成果评估政策，激发科研人员创新与转化的活力。健全科技成果转化有关资产评估管理机制，明确国有无形资产管理的边界和红线，优化科技成果转化管理流程。开展科技成果转化尽责担当行动，鼓励高等院校、科研机构、国有企业建立成果评价与转化行为负面清单，完善尽职免责规范和细则。推动成果转化相关人员按照法律法规、规章制度履职尽责，落实“三个区分开来”要求，依法依规一事一议确定相关人员的决策责任，坚决查处腐败问题。

三、组织实施

（一）加强统筹协调。科技部要发挥主责作用，牵头做好科技成果评价改革的组织实施、统筹指导与监督评估，教育部、中科院、工程院、中国科协等相关单位要积极主动协调配合。行业、地方科技管理部门负责本行业本地区成果评价的指导推动、监督服务工作。各有关部门、各地方要在本意见出台半年内完成本行业本地区有关规章制度制修订工作。

（二）开展改革试点。选择不同类型单位和地区开展有针对性的科技成果评价改革试点，探索简便实用的制度、规范和流程，解决改革落地难问题，形成可操作可复制的做法并进行推广。

（三）落实主体责任。科技成果评价实行“谁委托科研任务谁评价”、“谁使用科研成果谁评价”。各科技评价组织管理单位（机构）要切实承担主体责任，对照本意见要求在一年内完成相关科技成果评价标准或管理办法制修订任务，提升专业能力，客观公正开展科技成果评价活动。

（四）营造良好氛围。进一步落实“放管服”改革要求，严格制度执行，注重社会监督，强化评价活动的学术自律和行业自律，坚决反对“为评而评”、滥用评价结果，防止与物质利益过度挂钩，杜绝科技成果评价中急功近利、盲目跟风现象。要加强政策宣传解读，及时总结推广典型经验做法，积极营造良好的评价环境。

# 国务院关于印发全民健身计划（2021—2025年）的通知

（2021年7月18日　国发〔2021〕11号）

现将《全民健身计划（2021—2025年）》印发给你们，请结合本地区、本部门实际，认真贯彻落实。

# 全民健身计划

（2021—2025 年）

“十三五”时期，在党中央、国务院坚强领导下，全民健身国家战略深入实施，全民健身公共服务水平显著提升，全民健身场地设施逐步增多，人民群众通过健身促进健康的热情日益高涨，经常参加体育锻炼人数比例达到 37.2%，健康中国和体育强国建设迈出新步伐。同时，全民健身区域发展不平衡、公共服务供给不充分等问题仍然存在。为促进全民健身更高水平发展，更好满足人民群众的健身和健康需求，依据《全民健身条例》，制定本计划。

## 一、总体要求

（一）指导思想。以习近平新时代中国特色社会主义思想为指导，贯彻落实党的十九大和十九届二中、三中、四中、五中全会精神，坚持以人民为中心，坚持新发展理念，深入实施健康中国战略和全民健身国家战略，加快体育强国建设，构建更高水平的全民健身公共服务体系，充分发挥全民健身在提高人民健康水平、促进人的全面发展、推动经济社会发展、展示国家文化软实力等方面的综合价值与多元功能。

（二）发展目标。到 2025 年，全民健身公共服务体系更加完善，人民群众体育健身更加便利，健身热情进一步提高，各运动项目参与人数持续提升，经常参加体育锻炼人数比例达到 38.5%，县（市、区）、乡镇（街道）、行政村（社区）三级公共健身设施和社区 15 分钟健身圈实现全覆盖，每千人拥有社会体育指导员 2.16 名，带动全国体育产业总规模达到 5 万亿元。

## 二、主要任务

（三）加大全民健身场地设施供给。制定国家步道体系建设总体方案和体育公园建设指导意见，督导各地制定健身设施建设补短板五年行动计划，实施全民健身设施补短板工程。盘活城市空闲土地，用好公益性建设用地，支持以租赁方式供地，倡导土地复合利用，充分挖掘存量建设用地潜力，规划建设贴近社区、方便可达的场地设施。新建或改扩建2000个以上体育公园、全民健身中心、公共体育场馆等健身场地设施，补齐5000个以上乡镇（街道）全民健身场地器材，配建一批群众滑冰场，数字化升级改造1000个以上公共体育场馆。

开展公共体育场馆开放服务提升行动，控制大型场馆数量，建立健全场馆运营管理机制，改造完善场馆硬件设施，做好场馆应急避难（险）功能转换预案，提升场馆使用效益。加强对公共体育场馆开放使用的评估督导，优化场馆免费或低收费开放绩效管理方式，加大场馆向青少年、老年人、残疾人开放的绩效考核力度。做好在新冠肺炎疫情防控常态化条件下学校体育场馆向社会开放工作。

（四）广泛开展全民健身赛事活动。开展全国运动会群众赛事活动，举办全民健身大会、全国社区运动会。持续开展全国新年登高、纪念毛泽东同志“发展体育运动，增强人民体质”题词、全民健身日、“行走大运河”全民健身健步走、中国农民丰收节、群众冬季运动推广普及等主题活动。巩固拓展“三亿人参与冰雪运动”成果，大力发展“三大球”运动，推动县域足球推广普及。制定运动项目办赛指南和参赛指引，举办运动项目业余联赛，普及运动项目文化，发展运动项目人口。支持举办各类残疾人体育赛事，开展残健融合体育健身活动。支持各地利用自身资源优势培育全民健身赛事活动品牌，鼓励京津冀、长三角、粤港澳大湾区、成渝地区双城经济圈等区域联合打造全民健身赛事活动品牌，促进区域间全民健身协同发展。

（五）提升科学健身指导服务水平。落实国民体质监测、国家体育锻炼标准和全民健身活动状况调查制度。开设线上科学健身大讲堂。鼓励体育明星等体育专业技术人才参加健身科普活动。

征集推广体育科普作品,促进科学健身知识、方法的研究和普及。制定面向大众的体育运动水平等级标准及评定体系。深化社会体育指导员管理制度改革,适当降低准入门槛,扩大队伍规模,提高指导服务率和科学健身指导服务水平。弘扬全民健身志愿服务精神,开展线上线下志愿服务,推出具有地方特色的全民健身志愿服务项目,打造全民健身志愿服务品牌。

(六)激发体育社会组织活力。完善以各级体育总会为枢纽,各级各类单项、行业和人群体育协会为支撑,基层体育组织为主体的全民健身组织网络。重点加强基层体育组织建设,鼓励体育总会向乡镇(街道)延伸、各类体育社会组织下沉行政村(社区)。加大政府购买体育社会组织服务力度,引导体育社会组织参与承接政府购买全民健身公共服务。对队伍稳定、组织活跃、专业素养高的"三大球"、乒乓球、羽毛球、骑行、跑步等自发性全民健身社会组织给予场地、教练、培训、等级评定等支持。将运动项目推广普及作为单项体育协会的主要评价指标。

(七)促进重点人群健身活动开展。实施青少年体育活动促进计划,推进青少年体育"健康包"工程,开展针对青少年近视、肥胖等问题的体育干预,合理调整适合未成年人使用的设施器材标准,在配备公共体育设施的社区、公园、绿地等公共场所,配备适合学龄前儿童大动作发展和身体锻炼的设备设施。提高健身设施适老化程度,研究推广适合老年人的体育健身休闲项目,组织开展适合老年人的赛事活动。完善公共健身设施无障碍环境,开展残疾人康复健身活动。推动农民、妇女等人群健身活动开展。

(八)推动体育产业高质量发展。优化产业结构,加快形成以健身休闲和竞赛表演为龙头、高端制造业与现代服务业融合发展的现代体育产业体系。推进体育产业数字化转型,鼓励体育企业"上云用数赋智",推动数据赋能全产业链协同转型。促进体育资源向优质企业集中,在健身设施供给、赛事活动组织、健身器材研发制造等领域培育一批"专精特新"中小企业、"瞪羚"企业和"隐形冠军”企业，鼓励有条件企业以单项冠军企业为目标做强做优做大。大力发展运动项目产业，积极培育户外运动、智能体育等体育产业，催生更多新产品、新业态、新模式。在国家体育消费试点城市基础上，择优确定一批国家体育消费示范城市，充分发挥试点城市、示范城市作用，鼓励各地创新体育消费政策、机制、模式、产品，加大优质体育产品和服务供给，促进高端体育消费回流。

（九）推进全民健身融合发展。深化体教融合。完善学校体育教学模式，保障学生每天校内、校外各 1 个小时体育活动时间。整合各级各类青少年体育赛事，健全分学段、跨区域的青少年体育赛事体系。加大体育传统特色学校、各级各类体校和高校高水平运动队建设力度，大力培养体育教师和教练员队伍。规范青少年体育社会组织建设，鼓励支持青少年体育俱乐部发展。

推动体卫融合。探索建立体育和卫生健康等部门协同、全社会共同参与的运动促进健康模式。推动体卫融合服务机构向基层覆盖延伸，支持在社区医疗卫生机构中设立科学健身门诊。推进体卫融合理论、科技和实践创新，推广常见慢性病运动干预项目和方法。推广体卫融合发展典型经验。

促进体旅融合。通过普及推广冰雪、山地户外、航空、水上、马拉松、自行车、汽车摩托车等户外运动项目，建设完善相关设施，拓展体育旅游产品和服务供给。打造一批有影响力的体育旅游精品线路、精品赛事和示范基地，引导国家体育旅游示范区建设，助力乡村振兴。

（十）营造全民健身社会氛围。普及全民健身文化，加大公益广告创作和投放力度，大力弘扬体育精神，讲好群众健身故事。强化全民健身激励，探索建立全国统一的“运动银行”制度和个人运动码，开发标准统一的科学运动积分体系，向国家体育锻炼标准和体育运动水平等级标准达标者颁发证书，鼓励向群众发放体育消费券。开展全民运动健身模范市和模范县（市、区）创建。加强全民健身国际交流，与共建“一带一路”国家共同举办全民健身赛事活动，推动武术、龙舟、围棋、健身气功等中华传统体育项目“走出去”，鼓励支持各地与国外友好城市进行全民健身交流。

**三、保障措施**

（十一）加强组织领导。加强党对全民健身工作的全面领导，发挥各级人民政府全民健身工作联席会议作用，推动完善政府主导、社会协同、公众参与、法治保障的全民健身工作机制。县级以上地方人民政府应将全民健身事业纳入本级经济社会发展规划，制定出台本地区全民健身实施计划，完善多元投入机制，鼓励社会力量参与全民健身公共服务体系建设。体育总局要会同有关部门对各省（自治区、直辖市）人民政府贯彻落实情况进行跟踪评估和督促指导。

（十二）壮大全民健身人才队伍。创新全民健身人才培养模式，发挥互联网等科技手段在人才培训中的作用。加强健身指导、组织管理、科技研发、宣传推广、志愿服务等方面的人才培养供给。畅通各类培养渠道，引导扶持社会力量参与全民健身人才培养，形成多元化的全民健身人才培养体系和科学评价机制。积极稳妥推进指导群众健身的教练员职称评定工作。

（十三）加强全民健身安全保障。对各类健身设施的安全运行加强监管，鼓励在公共体育场馆配置急救设备，确保各类公共体育设施开放服务达到防疫、应急、疏散、产品质量和消防安全标准。建立全民健身赛事活动安全防范、应急保障机制。建立户外运动安全分级管控体系。落实网络安全等级保护制度，加强全民健身相关信息系统安全保护和个人信息保护。坚持防控为先，坚持动态调整，统筹赛事活动举办和新冠肺炎疫情防控。

（十四）提供全民健身智慧化服务。推动线上和智能体育赛事活动开展，支持开展智能健身、云赛事、虚拟运动等新兴运动。开发国家社区体育活动管理服务系统，建设国家全民健身信息服务平台和公共体育设施电子地图，推动省、市两级建立全民健身信息服务平台，提供健身设施查询预定、体育培训报名、健身指导等服务，逐步形成信息发布及时、服务获取便捷、信息反馈高效的全民健身智慧化服务机制。

# 国务院办公厅关于加快农村寄递物流体系建设的意见

（2021年7月29日　国办发〔2021〕29号）

农村寄递物流是农产品出村进城、消费品下乡进村的重要渠道之一，对满足农村群众生产生活需要、释放农村消费潜力、促进乡村振兴具有重要意义。近年来，农村寄递物流体系建设取得了长足进步，与农村电子商务协同发展效应显著，但仍存在末端服务能力不足、可持续性较差、基础设施薄弱等一些突出问题，与群众的期待尚有一定差距。为加快农村寄递物流体系建设，做好"六稳"、"六保"工作，经国务院同意，现提出如下意见。

**一、指导思想**

以习近平新时代中国特色社会主义思想为指导，深入贯彻党的十九大和十九届二中、三中、四中、五中全会精神，认真落实党中央、国务院决策部署，立足新发展阶段、贯彻新发展理念、构建新发展格局，坚持以人民为中心的发展思想，健全县、乡、村寄递服务体系，补齐农村寄递物流基础设施短板，推动农村地区流通体系建设，促进群众就业创业，更好满足农村生产生活和消费升级需求，为全面推进乡村振兴、畅通国内大循环作出重要贡献。

**二、原则目标**

坚持以人民为中心、惠及民生。提升农村寄递服务能力和效率，聚焦农产品进城"最初一公里"和消费品下乡"最后一公里"，助力农民创收增收，促进农村消费升级。

坚持市场主导、政府引导。有效市场和有为政府紧密结合，以市场化方式为主，主动打通政策堵点，引导各类市场主体创新服务模式，积极参与农村寄递物流体系建设。

坚持完善体系、提高效率。强化顶层设计，发挥寄递物流体系优势，促进线上线下融合发展，进一步畅通农村生产、消费循环。

坚持资源共享、协同推进。支持邮政、快递、物流等企业共建共享基础设施和配送渠道，与现代农业、电子商务等深度融合，因地制宜打造一批协同发展示范项目，引领带动农村地区寄递物流水平提升。

到2025年，基本形成开放惠民、集约共享、安全高效、双向畅通的农村寄递物流体系，实现乡乡有网点、村村有服务，农产品运得出、消费品进得去，农村寄递物流供给能力和服务质量显著提高，便民惠民寄递服务基本覆盖。

**三、体系建设**

（一）强化农村邮政体系作用。在保证邮政普遍服务和特殊服务质量的前提下，加强农村邮政基础设施和服务网络共享，强化邮政网络节点重要作用。创新乡镇邮政网点运营模式，承接代收代办代缴等各类农村公共服务，实现"一点多能"，提升农村邮政基本公共服务能力。发挥邮政网络在边远地区的基础支撑作用，鼓励邮政快递企业整合末端投递资源，满足边远地区群众基本寄递需求。支持邮政企业公平参与农村寄递服务市场竞争，以市场化方式为农村电商提供寄递、仓储、金融一体化服务。（国家邮政局牵头，国家发展改革委、财政部、商务部、国家乡村振兴局、中国邮政集团有限公司等相关单位及各地区按职责分工负责）

（二）健全末端共同配送体系。统筹农村地区寄递物流资源，鼓励邮政、快递、交通、供销、商贸流通等物流平台采取多种方式合作共用末端配送网络，加快推广农村寄递物流共同配送模式，有效降低农村末端寄递成本。推进不同主体之间标准互认和服务互补，在设施建设、运营维护、安全责任等方面实现有效衔接，探索相应的投资方式、服务规范和收益分配机制。鼓励企业通过数据共享、信息互联互通，提升农村寄递物流体系信息化服务能力。（商务部、交通运输部、国家邮政局牵头，国家发展改革委、农业农村部、国家乡村振兴局、供销合作总社、中国邮政集团有限公司等相关单位及各地区按职责分工负责）

（三）优化协同发展体系。强化农村寄递物流与农村电商、交通运输等融合发展。继续发挥邮政快递服务农村电商的主渠道作用，推动运输集约化、设备标准化和流程信息化，2022 年 6 月底前在全国建设 100 个农村电商快递协同发展示范区，带动提升寄递物流对农村电商的定制化服务能力。鼓励各地区深入推进“四好农村路”和城乡交通运输一体化建设，合理配置城乡交通资源，完善农村客运班车代运邮件快件合作机制，宣传推广农村物流服务品牌。（交通运输部、商务部、国家邮政局、中国邮政集团有限公司等相关单位及各地区按职责分工负责）

（四）构建冷链寄递体系。鼓励邮政快递企业、供销合作社和其他社会资本在农产品田头市场合作建设预冷保鲜、低温分拣、冷藏仓储等设施，缩短流通时间，减少产品损耗，提升农产品流通效率和效益。引导支持邮政快递企业依托快递物流园区建设冷链仓储设施，增加冷链运输车辆，提升末端冷链配送能力，逐步建立覆盖生产流通各环节的冷链寄递物流体系。支持行业协会制定推广电商快递冷链服务标准规范，提升冷链寄递安全监管水平。邮政快递企业参与冷链物流基地建设，可按规定享受相关支持政策。（国家发展改革委、财政部、交通运输部、农业农村部、商务部、国家邮政局、国家乡村振兴局、供销合作总社、中国邮政集团有限公司等相关单位及各地区按职责分工负责）

**四、重点任务**

（一）分类推进“快递进村”工程。在东中部农村地区，更好发挥市场配置资源的决定性作用，引导企业通过驻村设点、企业合作等方式，提升“快递进村”服务水平。在西部农村地区，更好发挥政府推动作用，引导、鼓励企业利用邮政和交通基础设施网络优势，重点开展邮政与快递、交通、供销多方合作，发挥邮政服务在农村末端寄递中的基础性作用，扩大“快递进村”覆盖范围。引导快递企业完善符合农村实际的分配激励机制，落实快递企业总部责任，保护从业人员合法权益，保障农村快递网络可持续运行。（国家邮政局牵头，国家发展改革委、财政部、人力资源社会保障部、交通运输部、商务部、供销合作总社、中国邮政集团有限公司等相关单位及各地区按职责分工负责）

（二）完善农产品上行发展机制。鼓励支持农村寄递物流企业立足县域特色农产品和现代农业发展需要，主动对接家庭农场、农民合作社、农业产业化龙头企业，为农产品上行提供专业化供应链寄递服务，推动“互联网+”农产品出村进城。发挥农村邮政快递网（站）点辐射带动作用，2022年6月底前建设300个快递服务现代农业示范项目，重点支持脱贫地区乡村特色产业发展壮大，助力当地农产品外销，巩固拓展脱贫攻坚成果。（农业农村部、商务部、国家邮政局牵头，供销合作总社、中国邮政集团有限公司等相关单位及各地区按职责分工负责）

（三）加快农村寄递物流基础设施补短板。各地区依托县域邮件快件处理场地、客运站、货运站、电商仓储场地、供销合作社仓储物流设施等建设县级寄递公共配送中心；整合在村邮政、快递、供销、电商等资源，利用村内现有公共设施，建设村级寄递物流综合服务站。鼓励有条件的县、乡、村布设智能快件（信包）箱。推进乡镇邮政局（所）改造，加快农村邮路汽车化。引导快递企业总部加大农村寄递网络投资，规范管理农村寄递网点，保障网点稳定运行。统筹用好现有资金渠道或专项政策，支持农村寄递物流基础设施改造提升。（国家发展改革委、财政部、交通运输部、农业农村部、商务部、国家邮政局、国家乡村振兴局、供销合作总社、中国邮政集团有限公司等相关单位及各地区按职责分工负责）

（四）继续深化寄递领域“放管服”改革。简化农村快递末端网点备案手续，取消不合理、不必要限制，鼓励发展农村快递末端服务。修订《快递市场管理办法》和《快递服务》等标准，规范农村快递经营行为，鼓励探索符合农村实际的业务模式。鼓励电商企业、寄递企业和社会资本参与村级寄递物流综合服务站建设，吸纳农村劳动力就业创业。加强寄递物流服务监管和运输安全管理，完善消费者投诉申诉机制，依法查处未按约定地址投递、违规收费等行为，促进公平竞争，保障群众合法权益。支持有条件的地区健全县级邮政快递监管工作机制和电商、快递协会组织，加强行业监管和自律。（国家邮政局及各地区按职责分工负责）

**五、组织落实**

各地区、各相关部门和单位要充分认识加快农村寄递物流体系建设的重要意义，强化责任落实、加强协调配合，按照本意见提出的要求，结合实际研究制定配套措施，及时部署落实。各地区要将农村寄递物流体系建设纳入相关规划和公共基础设施建设范畴，落实地方财政支出责任，支持村级寄递物流综合服务站建设，认真抓好任务落实。各相关部门要建立工作协调机制，研究出台相应支持政策，及时总结推广典型经验做法。国家邮政局要加强工作指导和督促检查，重大情况及时报告国务院。

# 国务院办公厅关于进一步规范财务审计秩序促进注册会计师行业健康发展的意见

（2021 年 7 月 30 日　国办发〔2021〕30 号）

改革开放以来，我国注册会计师行业规模不断扩大，服务范围不断拓展，行业发展总体向好，在维护资本市场秩序和社会公众利益、提升会计信息质量和经济效率等方面发挥了重要作用，但同时也存在会计师事务所“看门人”职责履行不到位、行业监管和执法力度不足等问题，企业财务会计信息失真、上市公司财务造假等现象时有发生。为深入贯彻党中央、国务院关于严肃财经纪律的决策部署,切实加强会计师事务所监管,遏制财务造假,有效发挥注册会计师审计鉴证作用,经国务院同意,现就进一步规范财务审计秩序、促进注册会计师行业健康发展提出以下意见。

**一、总体要求**

(一)指导思想。以习近平新时代中国特色社会主义思想为指导,全面贯彻党的十九大和十九届二中、三中、四中、五中全会精神,切实增强"四个意识"、坚定"四个自信"、做到"两个维护",按照党中央、国务院决策部署,严肃财经纪律,以全面提升注册会计师行业服务国家建设能力为目标,统筹发展和安全,紧抓质量提升主线,守住诚信操守底线,筑牢法律法规红线。坚持监管与服务并重、治标与治本结合,树立系统观念,做好统筹谋划,努力构建部门协同、多方联动、社会参与的监管工作格局,有效解决突出问题,切实加强行政监管,逐步完善行业治理,显著优化执业环境,持续提升审计质量,为维护社会公平正义、规范市场经济秩序、保障国家经济安全提供有力支撑。

(二)工作原则。

——诚信为本,质量为先。将诚信建设作为行业发展的生命线,始终坚持质量至上的发展导向,持续提升注册会计师执业能力、独立性、道德水平和行业公信力。

——从严监管,从严执法。坚持问题导向,坚决纠正违反职业规范和道德规范的重大问题,严厉打击会计审计违法违规行为,发现一起、查处一起,做到"零容忍",曝光典型案例,树行业正气。

——归位尽责,协同发力。加强监管部门之间、政府部门和行业协会之间的沟通协作,进一步厘清职责边界,落实监管责任,加强统筹协调,完善工作机制,强化信息共享,形成监管合力。

——综合施策,多措并举。加强注册会计师行业监管的系统性、协同性,综合运用行政监管、市场约束、行业自律、社会监督等多种方式手段,优化执业环境,净化行业风气,督促会计师事务所提升内部管理水平，提高行业监管效能。

——着眼长远，常抓不懈。立足当前，强化法律法规和职业道德要求，狠抓审计职业规范，集中解决突出问题；着眼长远，与时俱进完善相关基础制度规范，形成长效机制，全面提升行业监管能力和治理水平。

**二、依法整治财务审计秩序**

（三）依法加强从事证券业务的会计师事务所监管。行业主管部门严格履行职责，充实财会监督检查力量，推动形成专业化执法检查机制，对从事证券业务的会计师事务所开展有效日常监管。出台会计师事务所监督检查办法，突出检查重点，提高检查频次，严格处理处罚，建立自查自纠报告机制，强化会计师事务所责任。完善相关部门对从事证券业务的会计师事务所监管的协作机制，加强统筹协调，形成监管合力，对会计师事务所和上市公司从严监管，依法追究财务造假的审计责任、会计责任。加强财会监督大数据分析，对财务造假进行精准打击。

（四）严肃查处违法违规行为并曝光典型案例。上下联动、依法整治各类违法违规行为，特别是针对当前行业内较为突出的会计师事务所无证经营、注册会计师挂名执业、网络售卖审计报告、超出胜任能力执业、泄露传播涉密敏感信息等，坚决纠正会计师事务所串通舞弊、丧失独立性等违反职业规范和道德规范的重大问题。梳理一批财务会计领域违法违规典型案件，形成各部门共同行动清单，区分不同情况依法依规严肃处理，坚决做到“零容忍”，对影响恶劣的重大案件从严从重处罚，对违法违规者形成有效震慑。加大典型案例曝光力度，对全社会、全行业形成警示。

（五）加快推进注册会计师行业法律和基础制度建设。制定注册会计师行业基础性制度清单，及时跟进健全相关制度规定，建立健全制度化、常态化的长效机制。推动加快修订注册会计师法，进一步完善行政强制措施、丰富监管工具、细化处罚标准、加大处罚力度。合理区分财务造假的企业会计责任和会计师事务所审计责任,明确其他单位向注册会计师出具不实证明的法律责任。完善会计师事务所组织形式相关规定,明确公众利益实体审计要求。按照过罚相当原则依法处理涉会计师事务所责任案件,研究完善会计师事务所和注册会计师法律责任相关司法解释,进一步明确特殊普通合伙会计师事务所的民事责任承担方式。完善维护信息安全要求,明确境外机构和人员入境执业等相关监管规定。科学合理确定会计师事务所从事上市公司等特定实体审计业务的具体要求,统一公开相关标准。结合实际优化会计师事务所和注册会计师审计轮换机制。

(六)建立健全监管合作机制。建立跨部门合作机制,实现财会监督与其他方面监督有机贯通、协同发力。建立注册会计师行业年度工作会议和日常联席会议机制,整合力量、凝聚共识,切实形成监管合力,及时研究解决制约行业发展的突出问题,不断提升行业监管水平。针对财务会计领域跨区域、跨行业的突出问题,加强中央与地方之间、部门之间监管协调。依法依规开展跨境会计审计监管合作,维护国家经济信息安全和企业合法权益,增强国际公信力和影响力。

**三、强化行业日常管理**

(七)强化国家统一的会计制度贯彻实施。完善企业会计准则体系,修订相关指南、案例等,加强培训和实务指导,及时解决贯彻实施中存在的突出问题。制定推广会计数据标准,开展企业会计报表电子报送试点,推动部门间会计数据共享。推动加快修订会计法,进一步明确会计核算、内部控制、信息化建设等要求,丰富监管手段,大幅提高处罚标准,加大财务造假法律责任追究力度,推进会计诚信体系建设,全面提升企业会计信息质量。

(八)加强行业日常监管和信用管理。加强信息化建设,构建注册会计师行业统一监管信息平台,通过业务报备、电子证照和签章等手段加强日常监测,提升监管效率和水平。探索建立审计报告数据单一来源制度,推动实现全国范围"一码通",从源头治理虚假审计报告问题。出台注册会计师行业严重失信主体名单管理办法，依法依规共享和公开相关信息并实施联合惩戒。畅通投诉举报渠道，建立统一的行业举报受理平台，完善投诉举报办理机制，做到“接诉必应、限时核查，查实必处、处则从严”。

（九）完善审计准则体系和职业道德规范体系。立足我国注册会计师执业实践，结合准则国际趋同等需要，及时修订完善审计准则体系并推动落地实施。加强职业道德守则宣传、培训和实施指导，针对职业规范和道德规范执行的薄弱环节，指导会计师事务所改进审计程序，增强审计独立性，提高应对财务舞弊的执业能力。

**四、优化执业环境和能力**

（十）引导会计师事务所强化内部管理。加强会计师事务所一体化管理，出台一体化管理办法，建立可衡量、可比较的指标体系，引导会计师事务所在人员调配、财务安排、业务承接、技术标准和信息化建设方面实行统一管理，建立健全公开、透明、规范的一体化管理检查评估程序。进一步完善会计师事务所综合排名机制，将一体化管理检查评估结果作为排名的重要依据，引导会计师事务所对标对表加强内部管理。结合大、中、小型会计师事务所特点，每年从一体化管理、信息化管理、“专精特”发展等方面树立典型示范，推广先进经验。着力培育一批国内领先、国际上有影响力的会计师事务所，助力更多自主品牌会计师事务所走向世界。

（十一）推进以质量为导向的会计师事务所选聘机制建设。加强对企业内部审计工作的指导和监督，调动内部审计和社会审计力量，增强审计监管合力。完善国有企业、上市公司选聘会计师事务所有关规定，压实企业审计委员会责任，科学设置选聘会计师事务所指标权重，提高质量因素权重，降低价格因素权重，完善报价因素评价方式，引导形成以质量为导向的选聘机制，从源头有效遏制恶性竞争。加强对选聘相关规定执行情况的监督，对违反规定的企业和压价竞争的会计师事务所严肃追责并公告。

（十二）提升会计师事务所审计风险承担能力。完善职业责任保险制度，修订《会计师事务所职业责任保险暂行办法》，根据资本市场发展和证券业务现状，充分考虑会计师事务所客户群体、风险状况等客观差异，完善保险金额等相关要求。加强职业责任保险和职业风险基金计提情况监督，规范职业风险基金管理和使用，督促会计师事务所提升风险防范能力。探索实行行业集中投保。

（十三）加强注册会计师专业培训教育。创新继续教育方式，围绕专业胜任能力、职业技能、职业价值、职业道德等重点，丰富完善教育内容。充分利用信息技术手段，上线继续教育相关应用，切实提高培训效果，持续保持和强化注册会计师专业胜任能力和职业道德操守，提升审计质量。

（十四）进一步规范银行函证业务。加强银行函证数字化平台建设，加快推进函证集约化、规范化、数字化进程，利用信息技术解决函证不实、效率低下、收费过高等问题，支持提升审计效率和质量。开展银行函证第三方平台试点工作，总结试点经验，形成配套工作指引，完善业务、数据、安全等标准体系，推动银行函证数字化平台规范、有序、安全运行，并在上市公司年报审计中推广应用。规范银行函证业务及收费行为，对提供不实回函等违法违规行为依法依规严肃查处。

**五、加强组织实施**

（十五）加强党的全面领导。进一步落实行业党建工作责任，坚持会计师事务所党的组织和工作有形覆盖与有效覆盖相统一，推动会计师事务所将党建工作要求载入章程或协议，加强教育、管理、监督、服务，充分发挥行业基层党组织战斗堡垒作用和党员先锋模范作用，为注册会计师行业健康发展提供坚强政治保证。

（十六）加强组织领导。各地区、各有关部门要从经济社会发展和全面深化改革开放的大局出发，充分认识推动注册会计师行业健康发展的重要性，将相关工作摆到重要议事日程，并作为巡视督导的重要内容。财政部门作为主管部门要牵头建立信息报送、督查考评等制度，发挥统筹抓总作用。强化行业自律，支持注册会计师协会依法履职,充分发挥协会作用。密切关注注册会计师行业发展重大问题,加强前瞻性、预判性研究,坚持问题导向,注重体系建设,制定完善基础制度,及时出台配套政策,精准施策,扎实推进各项重点工作。

(十七)加强宣传引导。建立行业舆情日常监测、会商研判以及中央和地方、政府部门和行业协会的分级分类响应机制。加强对注册会计师行业法律法规和监管制度的宣传,积极引导社会舆论和市场预期。

# 国务院印发关于推进自由贸易试验区贸易投资便利化改革创新若干措施的通知

(2021年8月2日　国发〔2021〕12号)

现将《关于推进自由贸易试验区贸易投资便利化改革创新的若干措施》印发给你们,请认真贯彻落实。

# 关于推进自由贸易试验区贸易投资便利化改革创新的若干措施

建设自由贸易试验区(以下简称自贸试验区)是以习近平同志为核心的党中央在新时代推进改革开放的重要战略举措,在我国改革开放进程中具有里程碑意义。为贯彻落实党中央、国务院决策部署,以制度创新为核心,积极发挥改革的突破和先导作用,加快对外开放高地建设,推动加快构建以国内大循环为主体、国内国际双循环相互促进的新发展格局,现就推进自贸试验区贸易投资便利化改革创新提出如下措施。

一、加大对港澳投资开放力度

在内地与香港、澳门关于建立更紧密经贸关系的安排(CEPA)框架下,将港澳服务提供者在自贸试验区投资设立旅行社的审批权限由省级旅游主管部门下放至自贸试验区。(商务部、文化和旅游部、国务院港澳办、各自贸试验区所在地省级人民政府按职责分工负责;适用范围:所有自贸试验区,以下除标注适用于特定自贸试验区的措施外,适用范围均为所有自贸试验区)

二、放开国际登记船舶法定检验

推进自贸试验区国际登记船舶法定检验放开,制定出台相关管理措施,允许依法获批的境外船舶检验机构对自贸试验区国际登记船舶开展法定检验。(交通运输部负责)

三、开展进口贸易创新

支持自贸试验区所在地培育进口贸易促进创新示范区,综合利用提高便利化水平、创新贸易模式、提升公共服务等多种手段,推动进口领域监管制度、商业模式、配套服务等多方面创新。(商务部牵头,有关部门按职责分工负责)

四、释放新型贸易方式潜力

支持自贸试验区发展离岸贸易,在符合税制改革方向、不导致税基侵蚀和利润转移的前提下,研究论证企业所得税、印花税相关政策。支持银行探索离岸转手买卖的真实性管理创新,依照展业原则,基于客户信用分类及业务模式提升审核效率,为企业开展真实合规离岸贸易业务提供优质金融服务,提高贸易结算便利化水平。(财政部、商务部、税务总局、国家外汇局按职责分工负责)

五、推进“两头在外”保税维修业务

出台保税维修相关管理规定。支持自贸试验区内企业按照综合保税区维修产品目录开展保税维修业务,由自贸试验区所在地省级人民政府对维修项目进行综合评估、自主支持开展,对所支持项目的监管等事项承担主体责任。(商务部牵头,财政部、生态环境部、海关总署、税务总局按职责分工负责)

## 六、提升医药产品进口便利度

允许具备条件的自贸试验区开展跨境电商零售进口部分药品及医疗器械业务。支持符合条件的自贸试验区增设首次进口药品和生物制品口岸。（财政部、商务部、海关总署、税务总局、国家药监局按职责分工负责）

## 七、推进开放通道建设

在对外航权谈判中，支持自贸试验区所在城市的国际机场利用第五航权，在平等互利的基础上允许外国航空公司承载该城市至第三国的客货业务，积极向外国航空公司推荐并引导申请进入中国市场的外国航空公司执飞该机场。（中国民航局负责）

## 八、加快推进多式联运"一单制"

交通运输管理部门支持自贸试验区试点以铁路运输为主的多式联运"一单制"改革，鼓励自贸试验区制定并推行标准化多式联运运单等单证。加快推进全国多式联运公共信息系统建设，率先实现铁路与港口信息互联互通，进一步明确多式联运电子运单的数据标准、交换规则及参与联运各方的职责范围等。率先在国内陆上公铁联运使用标准化单证，逐步推广到内水陆上多式联运，做好与空运、海运运单的衔接，实现陆海空多式联运运单的统一。（交通运输部、商务部、海关总署、国家铁路局、中国民航局、中国国家铁路集团有限公司按职责分工负责）

## 九、探索赋予多式联运单证物权凭证功能

银行业监督管理机构会同交通运输管理部门、商务主管部门等单位研究出台自贸试验区铁路运输单证融资政策文件，引导和鼓励自贸试验区内市场主体、铁路企业和银行创新陆路贸易融资方式，在风险可控的前提下，开展赋予铁路运输单证物权属性的有益实践探索。通过司法实践积累经验，发布典型案例，条件成熟时形成司法解释，为完善国内相关立法提供支撑，逐步探索铁路运输单证、联运单证实现物权凭证功能。积极研究相关国际规则的修改和制定，推动在国际规则层面解决铁路运单物权凭证问题。（最

高人民法院、交通运输部、商务部、人民银行、海关总署、银保监会、国家铁路局、中国国家铁路集团有限公司按职责分工负责）

**十、进一步丰富商品期货品种**

强化自贸试验区与期货交易所的合作，从国内市场需求强烈、对外依存度高、国际市场发展相对成熟的商品入手，上市航运期货等交易新品种。（证监会负责；适用范围：上海、辽宁、河南自贸试验区）

**十一、加快引入境外交易者参与期货交易**

加强自贸试验区内现有期货产品国际交易平台建设，发挥自贸试验区在交割仓库、仓储物流、金融服务等方面的功能，提升大宗商品期货市场对外开放水平。以现货国际化程度较高的已上市成熟品种为载体，加快引入境外交易者，建设以人民币计价、结算的国际大宗商品期货市场，形成境内外交易者共同参与、共同认可、具有广泛代表性的期货价格。在风险可控前提下，优化境外交易者从事期货交易外汇管理的开户、交易、结算和资金存管模式。（证监会牵头，人民银行、国家外汇局按职责分工负责；适用范围：上海、辽宁、河南自贸试验区）

**十二、完善期货保税交割监管政策**

对期货交易所在自贸试验区内的保税监管场所开展期货保税交割业务的货物品种及指定交割仓库实行备案制。对参与保税交割的法检商品，入库时集中检验，进出口报关时采信第三方机构质量、重量检验结果分批放行。（海关总署、证监会按职责分工负责）

**十三、创新账户体系管理**

在自贸试验区开展本外币合一银行账户体系试点，实现本币账户与外币账户在开立、变更和撤销等方面标准、规则和流程统一。（人民银行、国家外汇局按职责分工负责）

**十四、开展融资租赁公司外债便利化试点**

在全口径跨境融资宏观审慎框架下，允许注册在自贸试验区符合条件的融资租赁公司与其下设的特殊目的公司（SPV）共享外

债额度。（国家外汇局牵头，银保监会配合）

**十五、开展知识产权证券化试点**

以产业链条或产业集群高价值专利组合为基础，构建底层知识产权资产，在知识产权已确权并能产生稳定现金流的前提下，在符合条件的自贸试验区规范探索知识产权证券化模式。（人民银行、证监会、国家知识产权局按职责分工负责）

**十六、开展网络游戏属地管理试点**

在符合条件的自贸试验区所在地推进网络游戏审核试点工作。（中央宣传部负责）

**十七、提升航运管理服务效率**

将自贸试验区所在省份注册的国内水路运输企业经营的沿海省际客船、危险品船《船舶营业运输证》的配发、换发、补发、注销等管理事项，下放至自贸试验区所在地省级水路运输管理部门负责办理。（交通运输部负责）

**十八、提高土地资源配置效率**

在自贸试验区实行产业链供地，对产业链关键环节、核心项目涉及的多宗土地实行整体供应。支持有关地方在安排土地利用计划时，优先保障自贸试验区建设合理用地需求。（自然资源部负责）

**十九、完善仲裁司法审查**

明确对境外仲裁机构在自贸试验区设立的仲裁业务机构作出的仲裁裁决进行司法审查所涉及的法律适用问题。在认可企业之间约定在内地特定地点、按照特定仲裁规则、由特定人员对有关争议进行仲裁的仲裁协议效力的基础上，进一步明确该裁决在执行时的法律适用问题。支持国际商事争端预防与解决组织在自贸试验区运营，为区内企业提供“事前预防、事中调解、事后解决”全链条商事法律服务。（最高人民法院、司法部、中国贸促会按职责分工负责）

各地区、各部门要以习近平新时代中国特色社会主义思想为指导，深入贯彻党的十九大和十九届二中、三中、四中、五中全会精神，将推进自贸试验区改革开放创新发展列为本地区、本部门的重点工作，加强组织领导，简化各项改革措施落地程序和要求，对确需制定具体意见、办法、细则、方案的，应自本措施印发之日起一年内完成，确保落地见效。各地区、各部门、各自贸试验区要统筹发展和安全，牢固树立总体国家安全观，维护国家核心利益和政治安全，建立健全风险防控制度安排，主动服务大局；要坚持绿色发展，筑牢生态安全屏障。国务院自由贸易试验区工作部际联席会议办公室要切实发挥统筹协调作用，会同成员单位，加强各项改革举措的系统集成、协同高效，不断提高自贸试验区建设质量。各地区、各自贸试验区要承担主体责任，狠抓工作落实，确保各项改革创新举措接得住、落得准、推得开。需调整有关行政法规、国务院文件和部门规章规定的，按法定程序办理。重大事项及时向党中央、国务院请示报告。

# 国务院办公厅关于改革完善中央财政科研经费管理的若干意见

（2021 年 8 月 5 日　国办发〔2021〕32 号）

党的十八大以来，党中央、国务院出台了《关于进一步完善中央财政科研项目资金管理等政策的若干意见》、《关于优化科研管理提升科研绩效若干措施的通知》等一系列优化科研经费管理的政策文件和改革措施，有力地激发了科研人员的创造性和创新活力，促进了科技事业发展。但在科研经费管理方面仍然存在政策落实不到位、项目经费管理刚性偏大、经费拨付机制不完善、间接费用比例偏低、经费报销难等问题。为有效解决这些问题，更好贯彻落实党中央、国务院决策部署，进一步激励科研人员多出高质量科技成果、为实现高水平科技自立自强作出更大贡献，经国务院同意，现就改革完善中央财政科研经费管理提出如下意见：

**一、扩大科研项目经费管理自主权**

（一）简化预算编制。进一步精简合并预算编制科目，按设备费、业务费、劳务费三大类编制直接费用预算。直接费用中除50万元以上的设备费外，其他费用只提供基本测算说明，不需要提供明细。计算类仪器设备和软件工具可在设备费科目列支。合并项目评审和预算评审，项目管理部门在项目评审时同步开展预算评审。预算评审工作重点是项目预算的目标相关性、政策相符性、经济合理性，不得将预算编制细致程度作为评审预算的因素。（项目管理部门负责落实）

（二）下放预算调剂权。设备费预算调剂权全部下放给项目承担单位，不再由项目管理部门审批其预算调增。项目承担单位要统筹考虑现有设备配置情况、科研项目实际需求等，及时办理调剂手续。除设备费外的其他费用调剂权全部由项目承担单位下放给项目负责人，由项目负责人根据科研活动实际需要自主安排。（项目管理部门、项目承担单位负责落实）

（三）扩大经费包干制实施范围。在人才类和基础研究类科研项目中推行经费包干制，不再编制项目预算。项目负责人在承诺遵守科研伦理道德和作风学风诚信要求、经费全部用于与本项目研究工作相关支出的基础上，自主决定项目经费使用。鼓励有关部门和地方在从事基础性、前沿性、公益性研究的独立法人科研机构开展经费包干制试点。（项目管理部门、项目承担单位、财政部、单位主管部门负责落实）

**二、完善科研项目经费拨付机制**

（四）合理确定经费拨付计划。项目管理部门要根据不同类型科研项目特点、研究进度、资金需求等，合理制定经费拨付计划并及时拨付资金。首笔资金拨付比例要充分尊重项目负责人意见，切实保障科研活动需要。（项目管理部门负责落实）

（五）加快经费拨付进度。财政部、项目管理部门可在部门预算批复前预拨科研经费。项目管理部门要加强经费拨付与项目立项的衔接，在项目任务书签订后 30 日内，将经费拨付至项目承担单位。项目牵头单位要根据项目负责人意见，及时将经费拨付至项目参与单位。（财政部、项目管理部门、项目承担单位负责落实）

（六）改进结余资金管理。项目完成任务目标并通过综合绩效评价后，结余资金留归项目承担单位使用。项目承担单位要将结余资金统筹安排用于科研活动直接支出，优先考虑原项目团队科研需求，并加强结余资金管理，健全结余资金盘活机制，加快资金使用进度。（项目管理部门、项目承担单位负责落实）

**三、加大科研人员激励力度**

（七）提高间接费用比例。间接费用按照直接费用扣除设备购置费后的一定比例核定，由项目承担单位统筹安排使用。其中，500 万元以下的部分，间接费用比例为不超过 30%，500 万元至 1000 万元的部分为不超过 25%，1000 万元以上的部分为不超过 20%；对数学等纯理论基础研究项目，间接费用比例进一步提高到不超过 60%。项目承担单位可将间接费用全部用于绩效支出，并向创新绩效突出的团队和个人倾斜。（项目管理部门、项目承担单位负责落实）

（八）扩大稳定支持科研经费提取奖励经费试点范围。将稳定支持科研经费提取奖励经费试点范围扩大到所有中央级科研院所。允许中央级科研院所从基本科研业务费、中科院战略性先导科技专项经费、有关科研院所创新工程等稳定支持科研经费中提取不超过 20%作为奖励经费，由单位探索完善科研项目资金激励引导机制，激发科研人员创新活力。奖励经费的使用范围和标准由试点单位自主决定，在单位内部公示。（中央级科研院所负责落实）

（九）扩大劳务费开支范围。项目聘用人员的劳务费开支标准，参照当地科学研究和技术服务业从业人员平均工资水平，根据其在项目研究中承担的工作任务确定，其由单位缴纳的社会保险补助、住房公积金等纳入劳务费科目列支。（项目承担单位、项目管理部门负责落实）

（十）合理核定绩效工资总量。中央高校、科研院所、企业结合本单位发展阶段、类型定位、承担任务、人才结构、所在地区、现有绩效工资实际发放水平（主要依据上年度事业单位工资统计年报数据确定）、财务状况特别是财政科研项目可用于支出人员绩效的间接费用等实际情况，向主管部门申报动态调整绩效工资水平，主管部门综合考虑激发科技创新活力、保障基础研究人员稳定工资收入、调控不同单位（岗位、学科）收入差距等因素审批后报人力资源社会保障、财政部门备案。分配绩效工资时，要向承担国家科研任务较多、成效突出的科研人员倾斜。借鉴承担国家关键领域核心技术攻关任务科研人员年薪制的经验，探索对急需紧缺、业内认可、业绩突出的极少数高层次人才实行年薪制。（人力资源社会保障部、科技部、财政部、国务院国资委、单位主管部门负责落实）

（十一）加大科技成果转化激励力度。各单位要落实《中华人民共和国促进科技成果转化法》等相关规定，对持有的科技成果，通过协议定价、在技术交易市场挂牌交易、拍卖等市场化方式进行转化。科技成果转化所获收益可按照法律规定，对职务科技成果完成人和为科技成果转化作出重要贡献的人员给予奖励和报酬，剩余部分留归项目承担单位用于科技研发与成果转化等相关工作，科技成果转化收益具体分配方式和比例在充分听取本单位科研人员意见基础上进行约定。科技成果转化现金奖励计入所在单位绩效工资总量，但不受核定的绩效工资总量限制，不作为核定下一年度绩效工资总量的基数。（科技部、人力资源社会保障部、财政部等有关部门负责落实）

**四、减轻科研人员事务性负担**

（十二）全面落实科研财务助理制度。项目承担单位要确保每个项目配有相对固定的科研财务助理，为科研人员在预算编制、经费报销等方面提供专业化服务。科研财务助理所需人力成本费用(含社会保险补助、住房公积金),可由项目承担单位根据情况通过科研项目经费等渠道统筹解决。(项目承担单位负责落实)

(十三)改进财务报销管理方式。项目承担单位因科研活动实际需要,邀请国内外专家、学者和有关人员参加由其主办的会议等,对确需负担的城市间交通费、国际旅费,可在会议费等费用中报销。允许项目承担单位对国内差旅费中的伙食补助费、市内交通费和难以取得发票的住宿费实行包干制。(项目承担单位负责落实)

(十四)推进科研经费无纸化报销试点。选择部分电子票据接收、入账、归档处理工作量比较大的中央高校、科研院所、企业,纳入电子入账凭证会计数据标准推广范围,推动科研经费报销数字化、无纸化。(财政部、税务总局、单位主管部门等负责落实)

(十五)简化科研项目验收结题财务管理。合并财务验收和技术验收,在项目实施期末实行一次性综合绩效评价。完善项目验收结题评价操作指南,细化明确预算调剂、设备管理、人员费用等财务、会计、审计方面具体要求,避免有关机构和人员在项目验收和检查中理解执行政策出现偏差。选择部分创新能力和潜力突出、创新绩效显著、科研诚信状况良好的中央高校、科研院所、企业作为试点单位,由其出具科研项目经费决算报表作为结题依据,取消科研项目结题财务审计。试点单位对经费决算报表内容的真实性、完整性、准确性负责,项目管理部门适时组织抽查。(科技部、财政部、项目管理部门负责落实)

(十六)优化科研仪器设备采购。中央高校、科研院所、企业要优化和完善内部管理规定,简化科研仪器设备采购流程,对科研急需的设备和耗材采用特事特办、随到随办的采购机制,可不进行招标投标程序。项目承担单位依法向财政部申请变更政府采购方式的,财政部实行限时办结制度,对符合要求的申请项目,原则上自收到变更申请之日起 5 个工作日内办结。有关部门要研究推动政

府采购、招标投标等有关法律法规修订工作，进一步明确除外条款。（单位主管部门、项目承担单位、司法部、财政部负责落实）

（十七）改进科研人员因公出国（境）管理方式。对科研人员因公出国（境）开展国际合作与交流的管理应与行政人员有所区别，对为完成科研项目任务目标、从科研经费中列支费用的国际合作与交流按业务类别单独管理，根据需要开展工作。从科研经费中列支的国际合作与交流费用不纳入“三公”经费统计范围，不受零增长要求限制。（单位主管部门、财政部负责落实）

**五、创新财政科研经费投入与支持方式**

（十八）拓展财政科研经费投入渠道。发挥财政经费的杠杆效应和导向作用，引导企业参与，发挥金融资金作用，吸引民间资本支持科技创新创业。优化科技创新类引导基金使用，推动更多具有重大价值的科技成果转化应用。拓宽基础研究经费投入渠道，促进基础研究与需求导向良性互动。（财政部、科技部、人民银行、银保监会、证监会等负责落实）

（十九）开展顶尖领衔科学家支持方式试点。围绕国家重大战略需求和前沿科技领域，遴选全球顶尖的领衔科学家，给予持续稳定的科研经费支持，在确定的重点方向、重点领域、重点任务范围内，由领衔科学家自主确定研究课题，自主选聘科研团队，自主安排科研经费使用；3 至 5 年后采取第三方评估、国际同行评议等方式，对领衔科学家及其团队的研究质量、原创价值、实际贡献，以及聘用领衔科学家及其团队的单位服务保障措施落实情况等进行绩效评价，形成可复制可推广的改革经验。（项目管理部门、项目承担单位负责落实）

（二十）支持新型研发机构实行“预算+负面清单”管理模式。鼓励地方对新型研发机构采用与国际接轨的治理结构和市场化运行机制，实行理事会领导下的院（所）长负责制。创新财政科研经费支持方式，给予稳定资金支持，探索实行负面清单管理，赋予更大经费使用自主权。组织开展绩效评价，围绕科研投入、创新产出质量、成果转化、原创价值、实际贡献、人才集聚和培养等方面进行评估。除特殊规定外，财政资金支持产生的科技成果及知识产权由新型研发机构依法取得、自主决定转化及推广应用。（科技部、财政部负责指导）

## 六、改进科研绩效管理和监督检查

（二十一）健全科研绩效管理机制。项目管理部门要进一步强化绩效导向，从重过程向重结果转变，加强分类绩效评价，对自由探索型、任务导向型等不同类型科研项目，健全差异化的绩效评价指标体系；强化绩效评价结果运用，将绩效评价结果作为项目调整、后续支持的重要依据。项目承担单位要切实加强绩效管理，引导科研资源向优秀人才和团队倾斜，提高科研经费使用效益。（项目管理部门、项目承担单位负责落实）

（二十二）强化科研项目经费监督检查。加强审计监督、财会监督与日常监督的贯通协调，增强监督合力，严肃查处违纪违规问题。加强事中事后监管，创新监督检查方式，实行随机抽查、检查，推进监督检查数据汇交共享和结果互认。减少过程检查，充分利用大数据等信息技术手段，提高监督检查效率。强化项目承担单位法人责任，项目承担单位要动态监管经费使用并实时预警提醒，确保经费合理规范使用；对项目承担单位和科研人员在科研经费管理使用过程中出现的失信情况，纳入信用记录管理，对严重失信行为实行追责和惩戒。探索制定相关负面清单，明确科研项目经费使用禁止性行为，有关部门要根据法律法规和负面清单进行检查、评审、验收、审计，对尽职无过错科研人员免予问责。（审计署、财政部、项目管理部门、单位主管部门负责落实）

## 七、组织实施

（二十三）及时清理修改相关规定。有关部门要聚焦科研经费管理相关政策和改革举措落地“最后一公里”，加快清理修改与党中央、国务院有关文件精神不符的部门规定和办法，科技主管部门要牵头做好督促落实工作。项目承担单位要落实好科研项目实施和科研经费管理使用的主体责任，严格按照国家有关政策规定和权责一致的要求，强化自我约束和自我规范，及时完善内部管理制度，确保科研自主权接得住、管得好。（有关部门、项目承担单位负责落实）

（二十四）加大政策宣传培训力度。有关部门和单位要通过门户网站、新媒体等多种渠道以及开设专栏等多种方式，加强中央财政科研经费管理相关政策宣传解读，提高社会知晓度。同时，加大对科研人员、财务人员、科研财务助理、审计人员等的专题培训力度，不断提高经办服务能力水平。（科技部、财政部会同有关部门负责落实）

（二十五）强化政策落实督促指导。有关部门要加快职能转变，提高服务意识，加强跟踪指导，适时组织开展对项目承担单位科研经费管理政策落实情况的检查，及时发现并协调解决有关问题，推动改革落地见效，国务院办公厅要加强督查。要适时对有关试点政策举措进行总结评估，及时总结推广行之有效的经验和做法。（财政部、科技部会同有关部门负责落实）

财政部、中央级社科类科研项目主管部门要结合社会科学研究的规律和特点，参照本意见尽快修订中央级社科类科研项目资金管理办法。

各地区要参照本意见精神，结合实际，改革完善本地区财政科研经费管理。

# 国务院关于印发“十四五”就业促进规划的通知

（2021 年 8 月 23 日　国发〔2021〕14 号）

现将《“十四五”就业促进规划》印发给你们，请认真贯彻执行。

# “十四五”就业促进规划

就业是最大的民生，也是经济发展最基本的支撑。“十四五”时期，实现更加充分更高质量就业，是推动高质量发展、全面建设社会主义现代化国家的内在要求，是践行以人民为中心发展思想、扎实推进共同富裕的重要基础。本规划依据《中华人民共和国国民经济和社会发展第十四个五年规划和 2035 年远景目标纲要》编制，提出了“十四五”时期促进就业的指导思想、基本原则、主要目标、重点任务和保障措施，是推动就业高质量发展的工作指引。

## 一、发展环境

“十三五”期间，面对错综复杂的国际形势、艰巨繁重的国内改革发展稳定任务特别是新冠肺炎疫情的严重冲击，党中央、国务院始终坚持以人民为中心，将就业摆在经济社会发展优先位置，创新实施就业优先政策，推动就业工作取得积极进展。全国城镇新增就业 6564 万人，城镇调查失业率均值控制在 5.2%，劳动年龄人口平均受教育年限从 10.2 年提高到 10.8 年，技能劳动者总量由 1.3 亿人增至 2 亿人，就业形势总体稳定，就业结构持续优化，就业质量不断提升。

“十四五”时期是我国全面建成小康社会、实现第一个百年奋斗目标之后，乘势而上开启全面建设社会主义现代化国家新征程、向第二个百年奋斗目标进军的第一个五年。当前和今后一段时期，我国发展仍然处于重要战略机遇期，党中央、国务院高度重视就业问题，实施就业优先战略，为实现更加充分更高质量就业提供了根本保证；我国已转向高质量发展阶段，以国内大循环为主体、国内国际双循环相互促进的新发展格局加快构建，经济稳中向好、长期向好，为就业长期稳定创造了良好条件；新一轮科技革命和产业变革深入发展，新兴就业创业机会日益增多；新型城镇化、乡村振兴孕育巨大发展潜力，新的就业增长点不断涌现；劳动力市场协同性增强，劳动力整体受教育程度上升，社会性流动更加顺畅，为促进就业夯实了人力资源支撑。

但也要看到，“十四五”时期就业领域也出现了许多新变化新趋势。人口结构与经济结构深度调整，劳动力供求两侧均出现较大变化，产业转型升级、技术进步对劳动者技能素质提出了更高要求，人才培养培训不适应市场需求的现象进一步加剧，“就业难”与“招工难”并存，结构性就业矛盾更加突出，将成为就业领域主要矛盾。城镇就业压力依然较大，促进高校毕业生等重点群体就业任务艰巨，在工业化、城镇化进程中，还有大量农村富余劳动力需要转移就业，规模性失业风险不容忽视。同时，就业歧视仍然存在，灵活就业人员和新就业形态劳动者权益保障亟待加强；人工智能等智能化技术加速应用，就业替代效应持续显现；国际环境日趋复杂，不稳定性不确定性明显增加，对就业的潜在冲击需警惕防范。总之，就业形势仍较严峻。必须深刻认识就业领域主要矛盾的变化，深入分析面临的挑战和风险，坚持问题导向，采取务实举措，抓住机遇，调动各种积极因素，不断开创就业工作新局面，努力实现更加充分更高质量就业。

**二、总体要求**

（一）指导思想。

以习近平新时代中国特色社会主义思想为指导，深入贯彻党的十九大和十九届二中、三中、四中、五中全会精神，统筹推进“五位一体”总体布局，协调推进“四个全面”战略布局，坚持稳中求进工作总基调，立足新发展阶段，完整、准确、全面贯彻新发展理念，构建新发展格局，统筹发展和安全，以实现更加充分更高质量就业为主要目标，深入实施就业优先战略，健全有利于更加充分更高质量就业的促进机制，完善政策体系、强化培训服务、注重权益保障，千方百计扩大就业容量，努力提升就业质量，着力缓解结构性就业矛盾，切实防范和有效化解规模性失业风险，不断增进民生福祉，推动全体人民共同富裕迈出坚实步伐。

(二)基本原则。

——坚持就业导向、政策协同。继续把就业摆在经济社会发展和宏观政策优先位置,作为保障和改善民生头等大事,把稳定和扩大就业作为宏观调控的优先目标和经济运行合理区间的下限,根据就业形势变化,及时调整宏观政策取向、聚力支持就业。

——坚持扩容提质、优化结构。兼顾容量、质量与结构,抓住主要矛盾,在多措并举创造更多高质量就业岗位的同时,更加重视日益凸显的结构性就业矛盾,聚焦劳动者技能素质提升,突出抓好技术技能人才培养培训,推动形成劳动力市场更高水平的供需动态平衡。

——坚持市场主导、政府调控。推动有效市场和有为政府更好结合,既要坚持市场化社会化就业方向,加快破除制约就业的体制机制障碍,充分发挥市场配置劳动力资源的决定性作用,又要强化政府责任,优化整合各类资源,为促进就业提供强有力政策支持和基础性服务保障。

——坚持聚焦重点、守住底线。紧盯就业领域关键环节和突出问题,瞄准重点地区、重点行业和重点群体,制定更加精准有效的举措,因地因企因人强化分类帮扶援助,切实兜牢民生底线。

(三)主要目标。

到2025年,要实现以下目标:

——就业形势总体平稳。城镇新增就业5500万人以上,努力实现更大规模,城镇调查失业率控制在5.5%以内,重点群体就业保持稳定。城乡、区域就业机会差距逐步缩小,劳动力市场供求基本平衡。

——就业质量稳步提升。劳动报酬提高与劳动生产率提高基本同步,覆盖城乡劳动者的社会保障体系更加健全,劳动权益保障进一步加强,劳动关系和谐稳定,更多劳动者实现体面劳动。

——结构性就业矛盾有效缓解。人力资源质量大幅提升,更加匹配产业转型升级和高质量发展的需要。全国高技能人才总量稳步扩大,劳动年龄人口平均受教育年限达到11.3年,新增劳动力受过高等教育比例达到55%。

——创业带动就业动能持续释放。创业引领作用更加凸显,对高质量就业的带动能力不断增强。创业环境更加优化,政策服务体系更加完备,创业机会更多、渠道更广,更多人可以通过创业实现人生价值。

——风险应对能力显著增强。就业领域风险监测预警和应对处置机制不断健全,失业人员保障范围有效扩大、保障水平进一步提高,困难群体得到及时帮扶,就业安全保障更加有力。

**专栏1:“十四五”时期就业主要指标**

| 指标名称 | 2020年 | 2025年 | 年均/累计 | 属性 |
| --- | --- | --- | --- | --- |
| 城镇新增就业(万人) | 1186 | —— | >〔5500〕 | 预期性 |
| 城镇调查失业率(%) | 5.2 | —— | <5.5 | 预期性 |
| 城市就业占比(%) | 61.6 | >65 | —— | 预期性 |
| 脱贫人口务工规模(万人) | 3243 | —— | >3000 | 预期性 |
| 全员劳动生产率增长(%) | 2.5 | —— | 高于GDP增长 | 预期性 |
| 劳动报酬占比(%) | 52.1* | —— | 稳步提高 | 预期性 |
| 开展补贴性职业技能培训(万人次) | 2700 | —— | 〔7500〕 | 预期性 |
| 基本养老保险参保率(%) | 91 | 95 | —— | 预期性 |
| 劳动年龄人口平均受教育年限(年) | 10.8 | 11.3 | —— | 约束性 |
| 新增劳动力受过高等教育比例(%) | 53.5% | 55 | —— | 预期性 |

注:①〔 〕内为5年累计数。②带*号的为2019年数据。③劳动报酬占比是指劳动报酬占GDP的比重。

## 三、坚持经济发展就业导向，不断扩大就业容量

落实就业优先战略，强化就业优先政策，推动形成高质量发展与就业扩容提质互促共进的良性循环。

### （四）全面增强就业吸纳能力。

强化就业优先导向的宏观调控。将就业优先政策置于宏观政策层面并持续强化，完善调控手段，充实政策工具箱，强化财政、货币、投资、消费、产业、区域等政策支持就业的导向，实现与就业政策协同联动。深入实施扩大内需战略，持续促进消费、增加有效投资拉动就业，通过保市场主体保就业。健全就业影响评估机制，制定实施宏观政策时要充分考虑对就业的影响，提升重大政策规划、重大工程项目、重大生产力布局对就业的促进作用。健全就业目标责任考核机制，建立更加充分更高质量就业考核评价体系，探索开展高质量就业地区试点工作。

促进制造业高质量就业。实施制造业降本减负行动，引导金融机构扩大制造业中长期融资，提升制造业盈利能力，提高从业人员收入水平，增强制造业就业吸引力，缓解制造业“招工难”问题。推进制造业高质量发展和职业技能培训深度融合，促进制造业产业链、创新链与培训链有效衔接。支持吸纳就业能力强的劳动密集型行业发展。注重发展技能密集型产业，推动传统制造业转型升级赋能、延伸产业链条，开发更多制造业领域技能型就业岗位。立足我国产业规模优势、配套优势和部分领域先发优势，发展服务型制造新模式，做大做强新兴产业链，推动先进制造业集群发展，打造更多制造业就业增长点。

扩大服务业就业。聚焦产业转型升级和消费升级需要，构建优质高效、结构优化、竞争力强的服务产业新体系，为劳动者就业提供更大空间和更多选择。进一步放宽服务业市场准入，深入推进服务业扩大开放，促进服务业数字化转型、线上线下双向发展，推动现代服务业同先进制造业、现代农业深度融合，支持生产性服务业和服务外包创新发展，加快生活服务业高品质和多样化升级，

鼓励商贸流通和消费服务业态与模式创新,引导夜间经济、便民生活圈等健康发展,稳定开发社区超市、便利店、社区服务和社会工作服务岗位,充分释放服务业就业容量大的优势。

拓展农业就业空间。深化农业供给侧结构性改革,加强现代农业产业园和农业现代化示范区建设,打造农业全产业链,提升农业价值链,吸纳带动更多就业。实施农民合作社规范提升行动、家庭农场培育计划和高素质农民培育计划,推动小农户与现代农业发展有机衔接,扶持一批农业产业化龙头企业牵头、家庭农场和农民合作社跟进、广大小农户参与的农业产业化联合体,实现抱团发展,促进农民就业增收。

支持中小微企业和个体工商户持续稳定发展增加就业。完善促进中小微企业和个体工商户发展和用工的制度环境和政策体系,构建常态化援企稳岗帮扶机制,持续减轻中小微企业和个体工商户负担,激发中小微企业和个体工商户活力,增强就业岗位创造能力。优化中小微企业发展生态,取消各类不合理限制和壁垒。支持劳动者创办投资小、见效快、易转型、风险小的小规模经济实体。加大对中小微企业和个体工商户融资支持力度,加强普惠金融服务。

(五)培育接续有力的就业新动能。

促进数字经济领域就业创业。加快发展数字经济,推动数字经济和实体经济深度融合,催生更多新产业新业态新商业模式,培育多元化多层次就业需求。健全数字规则,强化数据有序共享和信息安全保护,加快推动数字产业化,打造具有国际竞争力、就业容量大的数字产业集群。深入实施“上云用数赋智”行动,推进传统线下业态数字化转型赋能,创造更多数字经济领域就业机会。促进平台经济等新产业新业态新商业模式规范健康发展,带动更多劳动者依托平台就业创业。

支持多渠道灵活就业和新就业形态发展。破除各种不合理限制,建立促进多渠道灵活就业机制,支持和规范发展新就业形态。

鼓励传统行业跨界融合、业态创新，增加灵活就业和新就业形态就业机会。加快落实《关于维护新就业形态劳动者劳动保障权益的指导意见》，建立完善适应灵活就业和新就业形态的劳动权益保障制度，引导支持灵活就业人员和新就业形态劳动者参加社会保险，提高灵活就业人员和新就业形态劳动者社会保障水平。规范平台企业用工，明确平台企业劳动保护责任。健全职业分类动态调整机制，持续开发新职业，发布新职业标准。

**专栏2：实施灵活就业人员和新就业形态劳动者支持保障计划**

1. 完善灵活就业人员就业服务制度。以个人经营、非全日制、新就业形态等灵活方式就业的劳动者，可在常住地公共就业服务机构办理就业登记，按规定享受各项政策和服务。建立灵活就业岗位信息发布渠道。

2. 实施新就业形态劳动者技能提升项目。创新适合新就业形态劳动者的培训形式和内容，搭建数字资源线上培训服务平台，支持其根据自身实践和需求参加个性化培训。

3. 健全灵活就业人员社会保障制度。完善灵活就业人员参加基本养老、基本医疗保险相关政策，放开灵活就业人员在就业地参加基本养老、基本医疗保险的户籍限制。推进职业伤害保障试点，探索用工企业购买商业保险、保险公司适当让利的机制，鼓励用工企业以商业保险方式为灵活就业人员和新就业形态劳动者提供多层次保障。

（六）提高区域就业承载力。

推动区域就业协调发展。支持东部地区发挥创新要素集聚优势，率先实现产业升级，开拓高质量就业新领域，培育高质量就业增长极。加快完善中西部和东北地区基础设施，提升产业集聚区公共服务效能，引导产业向中西部和东北地区有序梯度转移，推动就业机会向中西部和东北地区扩散。支持中西部和东北地区根据国家战略导向和发展重点，对接先进生产要素和创新资源，发展特色优势产业，改造提升传统产业，积极布局新兴产业，厚植就业创业沃土。

实施特殊类型地区就业促进行动。健全巩固拓展脱贫攻坚成果长效机制,统筹各类政策资源,强化后续扶持,以脱贫地区为重点,支持欠发达地区因地制宜发展吸纳就业效果好的富民产业。支持革命老区、边境地区等发展本地特色产业,推进资源型地区加快培育发展接续替代产业,完善就地就近就业配套设施,做好边民、少数民族劳动者和失地农民、下岗矿工、停产企业员工等困难群体就业帮扶。对高失业率地区开展专项就业援助,针对性开发和推荐就业岗位,促进失业人员再就业。

壮大县乡村促就业内生动力。深入推进新型城镇化和乡村振兴战略有效衔接,推动县乡村联动发展,促进产镇融合、产村一体,打造“一县一业”、“一乡一特”、“一村一品”经济圈,做好产业和就业帮扶。推进以县城为重要载体的城镇化建设,补短板强弱项,增强综合服务能力,促进绿色低碳发展,吸引各类生产要素向县城流动聚集,做大做强县域经济,扩大县城就业需求。支持乡镇提升服务功能,增加生产生活要素供给,为发展产业、带动就业创造良好条件,把乡镇建设成拉动农村劳动力就业的区域中心。完善农村一二三产业融合发展体系,丰富乡村经济业态,促进乡村产业多模式融合、多类型示范,打造乡村产业链供应链,加快乡村产业振兴步伐,培育乡村就业增长极。

**专栏3:提高区域就业承载力重点任务**

1. 夯实中西部和东北地区就业基础。鼓励中西部和东北地区与东部沿海地区通过共建跨区域产业合作园区、发展飞地经济等多种方式搭建承接产业转移平台,增强承接产业转移能力,创造更多本地就业岗位。支持中西部和东北地区立足基础优势,加快培育产业链长、带动就业能力强的支柱产业,协同推进产业转型升级和促进就业。

2. 扩大特殊类型地区就业容量。以工代赈项目重点向脱贫地区倾斜。支持革命老区、边境地区培育一批特色产业集群、优势资源基地,推出一批乡村旅游重点村、镇精品线路,为当地居民提供更多就业机会。支持资源枯竭型城市加强接续替代产业平台建设,培育接续替代产业集群,带动当地职工转岗就业。深入实施采煤沉陷区综合治理和独立工矿区改造提升工程,推进老工业基地制造业竞争优势重构,改善生产发展和居民就业条件。

续表

| |
|---|
| 3. 健全县乡村产业提升和就业促进机制。引导劳动密集型产业、县域特色产业在县城集聚发展，在农业产业强镇、商贸集镇、物流节点布局劳动密集型加工业，鼓励大型商贸企业在乡镇布点，增强就业支撑。保障乡村产业发展用地，做强现代种养业，做精乡村特色产业，提升农产品加工流通业，优化乡村休闲旅游业，培育发展乡村新型服务业和信息产业，持续带动农民就业创业。 |
| 4. 加强人才扶持。支持中西部和东北地区、特殊类型地区和县乡村基层积极吸引人才流入，加大力度推进职业技术教育和职业技能培训，为产业发展提供技术工人、管理人员和创业人才。 |

## 四、强化创业带动作用，放大就业倍增效应

深入实施创新驱动发展战略，营造有利于创新创业创造的良好发展环境，持续推进双创，更大激发市场活力和社会创造力，促进创业带动就业。

（七）不断优化创业环境。

深化创业领域"放管服"改革。全面实行《优化营商环境条例》和政府权责清单制度，分类推进行政审批制度改革，打造市场化法治化国际化营商环境。实施全国统一的市场准入负面清单制度，健全清单动态调整机制，定期评估、排查、清理各类显性和隐性壁垒，最大限度解除对创业的束缚。提升企业开办标准化规范化便利化水平，建立便利、高效、有序的市场主体退出制度。实行以公平为原则的产权保护制度。

加强创业政策支持。加大对初创实体的支持力度，进一步降低创业成本，提升初创企业持续发展能力。落实创业担保贷款及贴息政策，提高贷款便利度和政策获得感。拓展创业企业直接融资渠道，健全投资生态链，更好发挥创业投资引导基金和私募股权基金作用，加大初创期、种子期投入。提升创业板服务成长型创业企业功能，支持符合条件的企业发行企业债券。

实现创业资源开放共享。强化大企业在市场拓展、产业链协调、带动中小企业创业方面的作用，实施大中小企业融通创新专项

行动,鼓励大企业向中小企业开放资源、场景、应用、需求,打造基于产业链供应链的创新创业生态。推动国家科研平台、科技报告、科研数据、科研仪器设施、高校实验室进一步向企业、社会组织和个人开放,创造更多创业机会。促进国家级新区、国家自主创新示范区开放企业(项目)资源,建立项目对接机制,吸纳人才创业。

(八)鼓励引导各类群体投身创业。

激发劳动者创业的积极性主动性。实施农村创业创新带头人培育行动,壮大新一代乡村企业家队伍。实施大学生创业支持计划、留学人员回国创业启动支持计划。鼓励引导有创业意愿和创业能力的农民工、大学生、退役军人等人员返乡入乡创业。建立科研人员入乡兼职兼薪和离岗创业制度,完善科研人员职务发明成果权益分享机制。激发和保护企业家精神,倡导敬业、精益、专注、宽容失败的创新创业文化。

全方位培养引进用好创业人才。大力发展高校创新创业教育,培育一批创业拔尖人才。面向有创业意愿和培训需求的城乡各类劳动者开展创业培训。实施更加积极更加开放更加有效的人才政策,加大创业人才引进力度,为外籍高层次人才来华创业提供便利。健全以创新能力、质量、实效、贡献为导向的创新创业人才评价体系,加强创新创业激励和保障。

(九)全面升级创业服务。

打造全生态、专业化、多层次的创业服务体系。加快完善创业服务网络。加强服务队伍建设,为创业者提供政策咨询、项目推介、开业指导等服务。推广创业导师制,推行科技特派员制度,支持科技领军企业、高技能人才、专业技术人才等到基层开展创业服务。实施创业带动就业示范行动,组织各类创业大赛和创业推进活动,办好全国双创活动周,开展创业型城市示范创建,营造浓厚的创业氛围。

建设特色化、功能化、高质量的创业平台载体。构建众创空间、孵化器、加速器、产业园相互接续的创业平台支持链条。创新创业孵化载体建设模式,支持大企业与地方政府、高校共建,提高利用率。实施全国创业孵化示范基地改造提升工程,强化服务质量管理,提升孵化服务功能,新认定一批国家级创业孵化示范基地。优化双创示范基地建设布局,充分发挥双创示范基地示范带动作用。鼓励地方开辟退役军人创业专区和退役军人就业创业园地,依托各类产业园区建设一批返乡入乡创业园,加强大学生创业园等孵化载体建设。支持地方进一步加快建设留学人员创业园,持续推动省部共建。

**专栏4:返乡入乡创业园建设**

1. 整合建设一批返乡入乡创业园。以县级地区为单位,对现有开发区、产业园区、产业集聚区、创业载体等各类园区平台整合拓展、优化布局,打造功能完备、环境优良的返乡入乡创业园。改造提升返乡入乡创业园配套设施,提高智能化、服务化水平。

2. 培育返乡入乡创业产业集群。依托返乡入乡创业园,探索适合当地的返乡入乡创业发展路径和模式,通过承接产业转移、资源嫁接输入地市场、一二三产业融合发展等方式,培育具有区域特色、大中小企业协同联动、上下游产业全链条一体发展的返乡入乡创业产业集群。

3. 强化资金支持。允许将符合条件的返乡入乡创业园建设项目纳入地方政府专项债券支持范围。统筹利用现有资金渠道,有条件的地方可按规定因地制宜安排资金,支持返乡入乡创业园建设。鼓励金融机构在风险可控、商业可持续的前提下,创新金融产品和业务模式,支持返乡入乡创业园建设和返乡入乡创业企业发展。

## 五、完善重点群体就业支持体系,增强就业保障能力

聚焦高校毕业生等重点群体,坚持市场化社会化就业与政府帮扶相结合,促进多渠道就业创业。

(十)持续做好高校毕业生就业工作。

拓宽高校毕业生市场化社会化就业渠道。结合国家重大战略布局、现代产业体系建设、中小企业创新发展,创造更多有利于发挥高校毕业生专长和智力优势的知识技术型就业岗位。健全激励保障机制,畅通成长发展通道,引导高校毕业生到中西部、东北、艰

苦边远地区和城乡基层就业。围绕乡村振兴战略，服务乡村建设行动和基层治理，扩大基层教育、医疗卫生、社区服务、农业技术等领域就业空间。为有意愿、有能力的高校毕业生创新创业提供资金、场地和技术等多层次支持。

强化高校毕业生就业服务。健全校内校外资源协同共享的高校毕业生就业服务体系，完善多元化服务机制，将留学回国毕业生及时纳入公共就业人才服务范围。加强职业生涯教育和就业创业指导，加大就业实习见习实践组织力度，开展大规模、高质量高校毕业生职业技能培训，提高高校毕业生就业能力。实施常态化高校毕业生就业信息服务，精准组织线上线下就业服务活动，举办行业性、区域性、专业性专场招聘，加强户籍地、求职地、学籍地政策服务协同，提高供需匹配效率。对离校未就业高校毕业生开展实名制帮扶，健全困难高校毕业生就业援助机制。强化择业就业观念引导，推动高校毕业生积极理性就业。开展“最美基层高校毕业生”学习宣传活动。

**专栏5：实施高校毕业生就业创业促进计划**

1. 岗位拓展行动。实施高校毕业生中小微企业就业支持计划，指导国有企业健全公开、竞争、择优的市场化招聘制度。实施好“三支一扶”计划、农村教师特岗计划、大学生志愿服务西部计划等高校毕业生基层服务项目。开发一批社区服务、科研助理、社会组织就业岗位。支持大学生参军入伍，提高高校毕业生新兵补充比例。

2. 就业能力提升行动。开展就业育人主题教育活动，积极搭建校企对接平台，广泛组织大学生实习锻炼。实施就业见习计划，建设一批国家级高校毕业生就业见习示范单位。针对高校毕业生，重点加强新兴产业、智能制造、现代服务业等领域岗位培训。

3. 精准服务行动。持续开展大中城市联合招聘、“24365校园网络招聘”、“千校万岗”、中小微企业专场招聘、中央企业面向西藏青海新疆毕业生专场招聘等系列活动。组建专业化就业创业导师队伍，推出线上直播课，为高校毕业生提供职业规划、职业体验、求职指导等服务。举办全国大学生职业规划大赛。

（十一）高度重视城镇青年就业。

为城镇青年创造多样化就业机会。聚焦城镇青年（主要包括未继续升学初高中毕业生、城镇失业青年、转岗青年职工等，下同），完善就业支持体系。在推动先进制造业、现代服务业和劳动密集型产业发展中，开发更多适合城镇青年的就业岗位，带动更多城镇青年到新产业新业态新商业模式领域就业创业。对接产业优化布局、区域协调发展和重点行业企业人才需求，完善人力资源需求发布、要素配置、协同发展机制，支持城镇青年到人才紧缺领域就业。

增强城镇青年职业发展能力。发挥就业创业服务机构、产业企业园区、青年之家、青年活动中心等各类平台作用，支持城镇青年参加职业指导、职业体验、创业实践、志愿服务等活动。探索组织青年职业训练营、就业训练工场。打造适合城镇青年特点的就业服务模式，畅通信息服务渠道，提高择业精准度。

强化城镇青年就业帮扶。实施青年就业启航计划，对城镇长期失业青年开展实践引导、分类指导和跟踪帮扶，促进其进入市场就业创业。将劳动精神、奋斗精神融入指导和实践，引导城镇青年自强自立。为城镇困难失业青年提供就业援助。

（十二）加强退役军人就业保障。

改革完善退役军人安置制度。科学制定安置计划，改进岗位安置办法，推进落实安置政策，压实属地安置责任，规范接收安置程序，提高安置质量。优化安置方式，探索市场化安置改革，实现多渠道、多元化安置。推广“直通车”式安置，健全“阳光安置”工作机制。鼓励到艰苦边远地区和城乡基层安置。加强各种安置方式统筹协调，强化政策制度衔接。

支持退役军人自主就业。将退役军人按规定纳入现有就业服务、教育培训等政策覆盖范围。探索推开“先入校回炉、再就业创业”的模式，鼓励符合条件的退役军人报考高职学校，落实招收、培养、管理等方面的扶持政策。适时调整退役军人就业岗位目录。

协调各方资源,加强行业企业合作,拓展就业供给领域,挖掘更多适合退役军人的就业岗位,促进退役军人到民营企业就业。实施“兵支书”协同培养工程,推动退役军人在乡村就业。设立退役军人就业实名台账,强化退役军人服务中心(站)就业服务功能,及时提供针对性服务。

(十三)推进农村劳动力转移就业。

稳定和扩大农村劳动力外出就业规模。广泛开展区域间劳务协作,健全劳务输入集中区域与劳务输出省份对接协调机制,加强劳动力跨区域精准对接,发展劳务组织和经纪人,有序组织输出地农村劳动力外出务工。培育一批有地域特色、行业特征、技能特点,带动农村劳动力就业效果好的劳务品牌。实施农民工素质提升工程,推进新生代农民工职业技能提升计划。创建一批农村劳动力转移就业示范县。

**专栏6:实施劳务品牌促就业计划**

1. 劳务品牌发现培育计划。广泛开展摸底调查,发现一批有一定知名度、从业人员规模大、未固定品牌名称的劳务产品,引导形成劳务品牌。深入挖潜细分行业工种的用工需求,打造一批中高端技能型、高品质服务型、文化型、民生保障型劳务品牌。

2. 劳务品牌发展提升计划。加强劳务品牌技能带头人培养,多形式开展劳务品牌从业人员就业推荐活动,加强用工信息对接。健全劳务品牌质量诚信评价体系。

3. 劳务品牌壮大升级计划。依托返乡入乡创业园、创业孵化基地、农村创新创业孵化实训基地等创业载体,支持有条件的地方建设劳务品牌特色创业孵化基地。发挥特色资源、传统技艺和地域文化等优势,培育劳务品牌龙头企业。推动上下游产业链协同发展,打造产业集聚、定位鲜明、配套完善、功能完备的劳务品牌特色产业园。

4. 做好劳务品牌宣传推广。定期开展劳务品牌征集,组织劳务品牌竞赛,选树具有广泛影响力的劳务品牌项目,推出劳务品牌创立人、传承人、领军人以及形象代言人等典型人物。开展劳务品牌展示交流活动,举办劳务品牌专业论坛。

促进农村劳动力就地就近就业。依托县域经济、乡村产业发展,为农村劳动力创造更多就地就近就业岗位。重大投资项目、各类基础设施建设积极吸纳更多当地农村劳动力参与。加大以工代赈实施力度,在农业农村基础设施建设领域积极推广以工代赈方式,广泛组织当地农村劳动力,优先吸纳农村低收入人口参与工程建设以及建成后的维修养护,并及时足额发放以工代赈劳务报酬。

加快农业转移人口市民化。放开放宽除个别超大城市外的落户限制,试行以经常居住地登记户口制度。推动地方逐步探索制定城乡双向流动的户口迁移政策,确保外地和本地农业转移人口进城落户标准一视同仁,推动在城镇稳定就业生活、具有落户意愿的农业转移人口便捷落户。完善财政转移支付与农业转移人口市民化挂钩相关政策。调整城镇建设用地年度指标分配依据,建立同吸纳农业转移人口落户数量和提供保障性住房规模挂钩机制。依法保障进城落户农民农村土地承包权、宅基地使用权、集体收益分配权,健全农户“三权”市场化退出机制和配套政策。提高基本公共服务均等化水平,推动农业转移人口全面融入城市。

(十四)统筹其他重点群体就业。

稳定脱贫人口就业。健全脱贫人口、农村低收入人口就业帮扶长效机制,保持脱贫人口就业领域的扶持政策、资金支持、帮扶力量总体稳定。健全有组织劳务输出工作机制,将脱贫人口作为优先保障对象,稳定外出务工规模。支持脱贫地区大力发展当地优势特色产业,继续发挥就业帮扶车间、社区工厂、卫星工厂等就业载体作用,为脱贫人口创造就地就近就业机会。聚焦国家乡村振兴重点帮扶县、易地扶贫搬迁安置区,积极引进适合当地群众就业需求的劳动密集型、生态友好型企业(项目),增加本地就业岗位,组织专项就业服务活动实施集中帮扶。

| 专栏 7:实施易地扶贫搬迁群众就业帮扶巩固提升行动 |
| --- |
| 1. 建设一批就业服务站。在万人以上大型安置区,建设就业服务站或专门服务窗口,掌握搬迁群众就业需求、意愿和技能等情况,做到动态精准帮扶。推广“就业帮扶直通车”系统,积极开展线上就业推荐服务,为搬迁群众提供更多岗位选择。开展培训进安置区活动,集中组织技能培训,提升搬迁群众就业能力。<br>2. 就近就业支持计划。支持安置区充分利用特色资源,对接外部市场,大力发展 |

配套产业，有条件的大型安置区新建、改（扩）建、提升一批配套产业园，吸纳搬迁群众就业。加大安置区以工代赈实施力度。

3. 有组织劳务输出计划。将搬迁群众作为重点输出对象，为有集中外出务工需求的提供便利出行服务。充分发挥东西部协作、对口支援和省域内市际、县际协作等机制作用，拓宽搬迁群众外出就业渠道。

4. 创业支持计划。鼓励安置区内的产业园对搬迁群众创办的企业给予优惠政策。支持有条件的安置区加强创业孵化载体建设，根据入驻实体数量、孵化效果和带动就业成效给予一定奖补。鼓励金融机构针对搬迁群众创业，开发适合的金融产品。

持续开展困难群体就业援助。完善就业困难人员认定办法，建立动态调整机制，对零就业家庭人员、残疾人等困难群体，提供“一人一档”、“一人一策”精细化服务，扩大公益性岗位安置，加强对就业帮扶效果的跟踪与评估，确保零就业家庭动态清零。落实残疾人按比例就业制度。开展就业援助月等各类帮扶活动。及时将符合条件的就业困难人员纳入最低生活保障、临时救助范围，落实乡镇（街道）临时救助备用金制度。

促进其他群体就业。实施积极应对人口老龄化国家战略，强化大龄劳动者就业帮扶和权益保护，制定完善保障措施，及时提供就业创业服务、技能培训等支持，促进人力资源充分利用。持续做好产业结构调整、长江流域生态环境保护修复工作中的人员转岗再就业。

**六、提升劳动者技能素质，缓解结构性就业矛盾**

把技术技能人才培养培训放在更加突出的位置，着力改善劳动力要素质量，建设一支符合高质量发展要求、适应现代化经济体系、具备较高职业技能和道德素质、结构比较合理的劳动者队伍。

（十五）大规模多层次开展职业技能培训。

完善职业技能培训政策体系。面向市场需求加强职业技能培训，健全终身职业技能培训制度，制定“十四五”职业技能培训规划，深入实施职业技能提升行动。稳步扩大培训规模，重点加强高校毕业生和城镇青年、退役军人、农村转移就业劳动者、脱贫人口、失业人员、个体工商户、就业困难人员(含残疾人)等技能培训,支持企业开展职工在岗培训,突出高技能人才培训、急需紧缺人才培训、转岗转业培训、储备技能培训、通用职业素质培训,积极发展养老、托育、家政等生活服务业从业人员技能培训,广泛开展新业态新商业模式从业人员技能培训,确保“十四五”期间开展补贴性职业技能培训7500万人次左右。强化安全生产技能培训,提高劳动者安全生产素质。完善职业技能竞赛体系,推动职业技能竞赛科学化、规范化、专业化发展。

实现培训供给多元化。构建以公共实训基地、职业院校(含技工院校)、职业技能培训机构和行业企业为主的多元培训载体。推动培训市场全面开放,采取优化审批服务、探索实行告知承诺等方式,激发培训主体积极性,有效增加培训供给。充分发挥企业职业技能培训的主体作用和职业院校培训资源优势,政府补贴的职业技能培训项目全部向具备资质的职业院校开放。新建一批公共实训基地,并优化功能布局、提高开放性,完善企业利用公共实训基地开展实训有关制度。实施职业技能培训共建共享行动,健全职业技能培训共建共享机制,开展县域职业技能培训共建共享试点。

**专栏8:实施国家乡村振兴重点帮扶地区职业技能提升工程**

1. 建设一批技工院校。支持生源数量较充足、具备发展技工教育条件的县级地区,通过新建、改(扩)建等方式,建设一批技工院校和职业培训机构。加大东西部协作、对口支援工作力度,对西藏技师学院和南疆四地州技工院校予以倾斜支持。

2. 建设一批高技能人才培训基地。落实高技能人才培训基地建设支持政策,分层分级建设一批高技能人才培训基地。

3. 建设一批技能大师工作室。根据地区产业发展需要,分层分级建立一批技能大师工作室,发挥带徒传技、技能攻关、技艺传承、技能推广等带动作用。

4. 举办乡村振兴职业技能大赛。引导支持国家乡村振兴重点帮扶县,结合当地特色产业发展状况,举办具有地方特色的职业技能竞赛。

切实提升职业技能培训质量。引导培训资源向市场急需、企业生产必需等领域集中,动态调整政府补贴性培训项目目录。采取政府按规定补贴培训、企业自主培训、市场化培训等多样化的培训方式,广泛开展订单式、套餐制培训,探索“互联网+职业技能培训”。统筹各级各类职业技能培训资金,加强集约化管理和使用,健全分层分类的培训补贴标准体系,畅通培训补贴直达企业和培训者渠道。健全职业技能培训监督评价考核机制。探索建立个人培训账户,形成劳动者职业技能培训电子档案,实现与就业、社会保障等信息联通共享。

提高劳动者职业素养。大力弘扬劳模精神、劳动精神、工匠精神,营造劳动光荣的社会风尚和精益求精的敬业风气。鼓励劳动者通过诚实辛勤劳动、创新创业创造过上幸福美好生活。加强职业道德教育,引导劳动者树立正确的人生观价值观就业观,培养敬业精神和工作责任意识。推进新型产业工人队伍建设,提高产业工人综合素质。

(十六)构建系统完备的技术技能人才培养体系。

推动职业技术教育提质培优。突出职业技术教育类型特色,深入推进改革创新,优化结构与布局。完善职业技术教育国家标准,推行“学历证书+职业技能等级证书”制度,实施现代职业技术教育质量提升计划,建设一批高水平职业技术院校和专业。健全职普融通机制,稳步发展职业本科教育,实现职业技术教育与普通教育学习成果双向互通互认、纵向流动。支持和规范社会力量兴办高质量职业技术教育,增强职业技术教育适应性。大力发展技工教育,建设一批优质技工院校和专业。探索中国特色学徒制,深化产教融合、校企合作。

提高人才培养质量。强化人才培养就业导向,健全人才培养与产业发展联动预警机制,增强人才培养前瞻性。深化教育教学改革,实施教育提质扩容工程,着力培养创新型、应用型、技能型人才。优化高校学科专业布局,推进专业升级和数字化改造,及时减少、撤销不适应市场需求的专业。加快重点领域急需紧缺人才培养,实施专业技术人才知识更新工程。加强重点专业学科建设,研究制订国家重点支持学科专业清单，大力发展新兴专业。加大数字人才培育力度，适应人工智能等技术发展需要，建立多层次、多类型的数字人才培养机制。

完善终身学习体系。建设学习型社会，构建服务全民终身学习的教育体系。推动高水平大学开放教育资源，完善注册学习和弹性学习制度。健全终身教育学习成果转换与认证制度，推进“学分银行”试点，探索学分积累转换制度。促进继续教育高质量发展，建立统一的高等学历继续教育制度，畅通在职人员继续教育与终身学习通道。规范发展非学历继续教育。积极发展在线教育，完善线上、线下课程学分认定和转换机制。创新发展城乡社区教育。

深化技能人才管理制度改革。实施“技能中国行动”，完善技能人才培养、使用、评价、激励机制。推进职业资格制度改革，压减准入类职业资格数量。完善职业技能等级制度，建立职业技能等级认定与相关系列职称评审贯通机制。推行社会化职业技能等级认定，鼓励企业在国家职业技能等级框架范围内增加技能岗位等级层次。加快构建国家资历框架，畅通管理人才、专业技术人才及技能人才的职业发展通道。

## 七、推进人力资源市场体系建设，健全公共就业服务体系

持续加强统一规范的人力资源市场体系建设，着力打造覆盖全民、贯穿全程、辐射全域、便捷高效的全方位公共就业服务体系，提升劳动力市场供需匹配效率。

### （十七）建设高标准人力资源市场体系。

加快人力资源服务业高质量发展。推动人力资源服务与实体经济融合发展，引导人力资源服务机构围绕产业基础高级化、产业链现代化提供精准专业服务。鼓励人力资源服务业管理创新、技术创新、服务创新和产品创新，大力发展人力资源管理咨询、高级人才寻访、人才测评等高技术、高附加值业态。实施人力资源服务业领军人才培养计划。开展“互联网+人力资源服务”行动。深化

人力资源服务领域对外开放,探索建设国家人力资源服务出口基地。

**专栏9:实施人力资源服务业高质量发展行动**

1. 人力资源服务业骨干企业培育计划。重点培育一批有核心产品、成长性好、具有国际竞争力的综合性人力资源服务企业,加快发展有市场、有特色、有潜力的专业化人力资源服务骨干企业,推动人力资源服务业细化专业分工,向价值链高端延伸。

2. 人力资源服务产业园建设计划。建设一批国家级人力资源服务产业园,开展产业园建设评估工作。鼓励有条件的地区根据本地经济发展和产业转型需要,培育建设一批有特色有活力、有效益的地方人力资源服务产业园。

3. “一带一路”人力资源服务行动。稳步推进人力资源服务业开放发展,支持人力资源服务企业在共建“一带一路”国家设立分支机构,积极开拓国际市场,构建全球服务网络。加快发展人力资源服务贸易,培育建设一批国家人力资源服务出口基地。

4. 人力资源服务行业促就业行动。持续开展人力资源服务机构联合招聘、重点行业企业用工、重点群体就业、促进灵活就业、劳务协作等服务。

提高人力资源市场规范化水平。深化人力资源市场“放管服”改革,规范实施人力资源服务许可,持续优化人力资源市场环境。加强人力资源市场管理信息化、人力资源服务标准化和人力资源市场信用体系建设,完善人力资源服务机构信用评价标准和制度。组织开展诚信服务活动,选树一批诚信人力资源服务典型。

(十八)健全全方位公共就业服务体系。

完善公共就业服务制度。健全户籍地、常住地、参保地、就业地公共就业服务供给机制,推进就业创业政策咨询、就业失业登记、职业介绍等服务覆盖全体城乡劳动者。支持各类市场主体在注册地、经营地、用工地免费享受劳动用工咨询、招聘信息发布等服务。推动公共就业服务向农村延伸,实现城乡公共就业服务便利共享。持续改善革命老区、边境地区等公共就业服务水平和质量,缩小区域间差距。

加强公共就业服务机构设置。完善街道(乡镇)、社区(村)服务平台,构建覆盖城乡的公共就业服务网络。合理配置公共就业服务机构人员，加强职业指导、职业信息分析、创业指导等专业化、职业化队伍建设。组织动员各类人民团体、群众团体参与提供公共就业服务，支持社会组织提供公益性就业服务。

增强公共就业服务能力。健全公共就业服务标准体系，完善设施设备配置、人员配置等指导性标准，统一公共就业服务视觉识别系统，统一核心业务流程和规范。加快公共就业服务智慧化升级，推动公共就业服务向移动终端、自助平台延伸，打造集政策解读、业务办理等于一体的人工智能服务模式，逐步实现服务事项“一网通办”。推进流动人员人事档案信息化建设。建立综合评价指标体系，开展公共就业服务需求分析、社会满意度调查和第三方评估。创建一批公共就业创业服务示范城市，开展充分就业社区建设。

**专栏10：实施提升就业服务质量工程**

1. 劳动力市场、人才市场、零工市场建设计划。支持用工密集的中心城市、劳动力密集的欠发达地区建设一批劳动力市场。结合国家重大区域发展战略和地区产业结构，建设一批专业性人才市场。支持零工需求较多地区建设一批零工市场。

2. 就业服务基层基础能力提升计划。在人口密集的村和社区设置就业服务站，健全“15分钟就业服务圈”。支持有条件的高等学校、职业学校（含技工院校）开设就业服务相关学科专业，对公共就业服务人员进行专项培训。组建就业专家服务团，开展服务下乡、巡回指导等活动，引导专业力量下沉。

3. 建立全国统一的公共就业创业服务平台。依托就业监测系统、中国公共招聘网、“就业在线”平台等，建立全国统一的服务平台，实现全国各类就业创业信息的共享和联网发布。推进就业补助资金网上申报、网上审核、联网核查。

4. 健全重点企业用工常态化服务机制。根据各地经济发展实际，确定一批带动就业能力强、用工规模大的重点企业，建立公共就业服务联系制度，设立就业服务专员，实施定点服务，通过专场招聘、劳务协作等多渠道帮助解决用工问题。

5. 开展专项招聘服务系列行动。持续开展春风行动、春潮行动、民营企业招聘月、百日千万网络招聘等招聘活动，创新活动方式，丰富活动内容，促进供需匹配。

## 八、优化劳动者就业环境，提升劳动者收入和权益保障水平

提高劳动者工作待遇，加强劳动者权益保障，提升劳动者获得

感和满意度，让广大劳动者实现体面劳动、全面发展。

（十九）改善劳动者就业条件。

合理增加劳动报酬。坚持按劳分配为主体、多种分配方式并存，提高劳动报酬在初次分配中的比重。健全工资决定、合理增长和支付保障机制，增加劳动者特别是一线劳动者劳动报酬，实现劳动报酬与劳动生产率基本同步提高。完善工资指导线、企业薪酬调查和信息发布制度，健全最低工资标准调整机制，实施企业薪酬指引计划。积极推行工资集体协商制度。健全劳动、知识、技术、管理等生产要素由市场评价贡献、决定报酬的机制。改革完善体现岗位绩效和分级分类管理的事业单位薪酬制度。深化国有企业工资分配制度改革，建立完善国有企业市场化薪酬分配机制。

营造良好劳动环境。实施工伤预防五年行动计划。建立企业全员安全生产责任制度，压实企业安全生产主体责任。深入开展安全生产专项整治三年行动，持续加强矿山、冶金、化工等重点行业领域尘毒危害专项治理，坚决遏制重特大事故发生。严格执行安全生产法，加强对高危行业建设项目的监管。推动简单重复的工作环节和“危繁脏重”的工作岗位尽快实现自动化智能化，加快重大安全风险领域“机器换人”。

加强劳动者社会保障。健全多层次社会保障体系，持续推进全民参保计划，提高劳动者参保率。加大城镇职工基本养老保险扩面力度，大力发展企业年金、职业年金，规范发展第三支柱养老保险。推进失业保险、工伤保险向职业劳动者广覆盖，实现省级统筹。完善全国统一的社会保险公共服务平台，优化社会保险关系转移接续。

（二十）促进平等就业。

畅通劳动力和人才社会性流动渠道。深化劳动力要素市场化配置改革，同步推进户籍制度、用人制度、档案服务改革，加快破除妨碍劳动力和人才市场化配置和自由流动的障碍，搭建横向流动桥梁、纵向发展阶梯，形成合理、公正、畅通、有序的社会性流动格局。拓展基层人员发展空间,加大对基层一线人员奖励激励力度。

努力消除就业歧视。建立劳动者平等参与市场竞争的就业机制,营造公平的市场环境,逐步消除民族、种族、性别、户籍、身份、残疾、宗教信仰等各类影响平等就业的不合理限制或就业歧视,增强劳动力市场包容性。保障妇女在就业创业、职业发展、技能培训、劳动报酬、职业健康与安全等方面的权益,为因生育中断就业的女性提供再就业培训公共服务。将生育友好作为用人单位承担社会责任的重要方面,鼓励用人单位制定有利于职工平衡工作和家庭关系的措施,依法协商确定有利于照顾婴幼儿的灵活休假和弹性工作方式。建立投诉处理机制和联合约谈机制,及时纠正含有歧视内容和不合理限制的招聘行为。健全司法救济机制,依法受理涉及就业歧视的相关起诉,设置平等就业权纠纷案由。

(二十一)维护劳动者合法权益。

扎实做好劳动权益保障。开展清理整顿人力资源市场秩序专项行动,依法查处招聘过程中的虚假、欺诈现象,强化劳务派遣用工监管。健全劳动合同制度,鼓励企业与劳动者签订长期或无固定期限劳动合同。加强对劳动密集型企业、中小微企业劳动用工指导。督促企业依法落实工时制度,保障劳动者休息休假权益。完善欠薪治理长效机制,持续推进根治拖欠农民工工资工作。推进智慧劳动保障监察系统建设,强化大数据分析能力和监控预警功能,提高执法效能。

构建和谐劳动关系。健全政府、工会、企业代表组织共同参与的协商协调机制。推动企业建立多种形式的民主参与、民主监督、民主决策新机制,提升企业与劳动者沟通协商的制度化程度。完善以职工代表大会为基本形式的企业民主管理制度,引导中小企业依法成立工会组织,在中小企业集中的地方推动建立区域性、行业性职工代表大会。推进集体协商制度建设,巩固提高集体协商覆盖面和实效性。深入实施劳动关系"和谐同行"能力提升三年行动计划,推进构建中国特色和谐劳动关系改革创新。开展和谐劳动关系创建活动。加强劳动关系形势分析和风险监测预警。创新劳动人事争议调解仲裁机制，强化调解仲裁队伍建设，推进“互联网+调解仲裁”。

## 九、妥善应对潜在影响，防范化解规模性失业风险

加强风险监测预警和应对处置，及时制定完善应对重大公共安全、卫生等事件的稳就业预案，切实做好失业保障。

（二十二）健全监测预警机制。

完善就业失业统计监测调查体系。加快构建系统完备、立体化的就业失业监测网络，实现劳动力市场、企业用工主体和劳动者个体全覆盖，全面反映就业增长、失业水平、市场供求状况。完善就业统计指标体系和调查统计方法，探索进行就业质量、就业稳定性等方面的分析。推进大数据在就业统计监测领域的应用。

| 专栏 11：实施就业失业统计监测调查能力提升计划 |
| --- |
| 1. 升级全国劳动力资源信息库。健全跨地区、跨部门数据共享和业务协同机制，将全国劳动力资源信息采集入库，加强与社会保险、劳动关系、国家人口信息之间的数据比对联动，实现信息动态更新。<br>2. 构建广覆盖的监测网络。加强移动通信、网络招聘、工业用电、企业征信等大数据应用，健全就业大数据监测系统。选取一批有代表性的城市，建立定点下沉、信息直报的监测点联络制度，跟踪监测经济运行、就业失业、工资收入、劳动力流动等变化趋势。<br>3. 健全失业动态监测机制。优化监测企业样本结构，细分企业规模、性质等，按月分析岗位变化情况，研判企业减员风险。<br>4. 完善劳动力调查制度。扩大劳动力调查样本规模，按月做好分省份调查失业率统计工作，加强劳动力调查数据的分析研究。<br>5. 建立就业岗位调查制度。开展就业岗位调查试点，细分区域、行业等，按月调查各类用工主体岗位空缺和用工需求，逐步建成就业岗位调查制度。 |

增强风险预警预判能力。健全就业形势科学研判机制，建立“政府+高校+企业”的就业联合实验室，组建专业分析团队，开展就业重大问题研究，提升形势感知、分析研判和科学决策水平。完善企业规模裁员减员及突发事件报告制度，加强风险评估，适时发布

失业预警信息。推动县级以上政府进一步完善失业风险预警制度。

(二十三)全面强化风险应对处置。

健全风险应对处置机制。制定分级政策储备和风险应对预案制度。加强规模性失业风险应急处置,有条件的地方可设立就业风险储备金。允许困难企业在与职工协商一致基础上,采取依法调整工作时间安排、薪酬等方式,稳定工作岗位。指导企业依法依规裁员。

完善失业保障体系。稳步推进失业保险扩围,进一步畅通申领渠道,提高政策受益率。用好用活失业保险促进企业稳岗、支持参保职工技能提升等政策,提高失业保险基金使用效率,充分发挥保生活基本功能作用,有效发挥防失业、促就业功能作用。畅通失业人员求助渠道,建立失业人员常态化帮扶机制,实现失业登记、职业指导、职业介绍、职业培训、生活保障联动。

积极应对人工智能等智能化技术应用对就业的影响。建立人工智能等智能化技术应用对就业影响的跟踪研判和协同应对机制,避免其就业替代效应短期内集中释放。构建不同行业、不同业态间的转岗机制,加快劳动者知识和技能更新速度,广泛开展人工智能等智能化技术应用适应性、储备性培训,提升人工智能等智能化技术通用技能,充分放大其就业创造效应。

## 十、实施更加有力的保障措施,确保规划任务落实落地

(二十四)加强党的领导。

深入学习贯彻习近平新时代中国特色社会主义思想,增强“四个意识”、坚定“四个自信”、做到“两个维护”,把党的领导贯彻到促进就业工作的各领域、各方面、各环节,确保党中央、国务院关于促进就业的各项决策部署落到实处。规划实施中的重大事项和重大调整报党中央、国务院审定。

(二十五)强化资金保障。

对规划确定的重点任务,按照中央与地方财政事权和支出责

任划分原则，落实各级政府的投入责任。按规定统筹各类就业资金，提高使用效率。健全就业领域投融资机制，进一步拓宽资金渠道，引导带动金融资本和社会资本在返乡入乡创业、技能培训、职业技术教育、就业服务等方面发挥更大作用。

（二十六）提升政策效果。

实施就业政策快办帮办行动，及时公布政策清单和网上办理渠道，依托大数据比对主动识别政策对象，精准推送信息，扩大政策知晓度。完善政策宣传机制，开展政策推介解读，努力提高政策落实率。加强对就业政策实施效果的跟踪调查评估。

（二十七）鼓励探索创新。

对规划确定的重大举措和创新政策，支持有条件的地方先行先试。推动就业领域相关法律法规修订。鼓励各地各有关部门和单位围绕规划重点任务，创新思路和形式，积极探索多种务实有效的实施方式和有用、管用的落实措施，着力形成一批可复制可推广的经验做法和制度性成果。

（二十八）认真组织实施。

充分发挥国务院就业工作领导小组作用，推动各有关部门和单位履职尽责。创新规划组织实施方式，针对重大任务，专题专项推进。加强对规划实施情况及效果的评估，推进以评估为依据的政策改进，及时总结推广政策实施中的好经验好做法。强化监督检查，层层压实责任，抓好任务落实。

# 国务院部门规章

## 铁路无线电管理办法

（2021 年 6 月 30 日工业和信息化部、交通运输部令第 56 号公布　自 2021 年 10 月 1 日起施行　国司备字[2021004393]）

### 第一章　总　　则

**第一条**　为了加强铁路无线电管理，保证铁路无线电业务的正常进行，维护空中电波秩序，根据《中华人民共和国无线电管理条例》和《铁路安全管理条例》，制定本办法。

**第二条**　铁路行业使用无线电频率，设置、使用无线电台（站），研制、生产、进口、销售和维修无线电发射设备，应当遵守本办法。

**第三条**　国家无线电管理机构和省、自治区、直辖市无线电管理机构依据《中华人民共和国无线电管理条例》规定的职责，负责全国和地方无线电管理工作。国家铁路局在国家无线电管理机构的业务指导下，负责铁路行业无线电管理工作。

**第四条**　国家无线电管理机构、国家铁路局以及有关铁路运输企业建立国家铁路无线电频率保护工作机制，组织开展全国铁路无线电频率保护工作。

省、自治区、直辖市无线电管理机构，地区铁路监督管理局和有关铁路运输企业建立本地区铁路无线电频率保护工作机制，负责协调处理本地区铁路无线电干扰查处等事宜。

## 第二章　无线电频率管理

**第五条**　铁路运输企业使用无线电频率应当取得许可，但使用《中华人民共和国无线电管理条例》第十四条第一项至第三项规定的无线电频率除外。

**第六条**　申请使用专门用于铁路运营指挥调度、列车运行控制等涉及铁路运营安全的无线电频率的，应当符合《中华人民共和国无线电管理条例》第十五条规定的条件，取得无线电频率使用许可。

国家无线电管理机构负责前款规定的无线电频率的规划统筹，国家铁路局负责会同有关铁路运输企业制定具体的使用规划并报国家无线电管理机构备案。

**第七条**　国家无线电管理机构在法定职权范围内，委托国家铁路局对本办法第六条规定的无线电频率实施许可。

国家无线电管理机构和省、自治区、直辖市无线电管理机构依据审批权限对铁路运输企业使用的本办法第六条规定以外的其他无线电频率实施许可。

**第八条**　铁路运输企业使用无线电频率，应当按照本办法第七条确定的审批权限，向有关机构提出申请。

无线电频率使用许可的申请和审批等工作，应当遵守《中华人民共和国无线电管理条例》《无线电频率使用许可管理办法》和本办法的规定。

**第九条**　无线电频率使用许可证应当载明无线电频率使用人、使用频率、使用地域、业务用途、使用期限、使用率要求、许可证编号、发证机关及签发时间等事项。

**第十条**　无线电频率使用许可的期限不超过 10 年。

无线电频率使用期限届满前拟终止使用无线电频率的，应当及时向作出许可决定的机构办理注销手续。

无线电频率使用期限届满后需要继续使用的，应当在期限届满30个工作日前向作出许可决定的机构提出延续申请。

**第十一条**　使用无线电频率应当按照国家有关规定缴纳无线电频率占用费。

国家铁路局根据委托实施许可的无线电频率的频率占用费，由国家铁路局向无线电频率使用人收取，上缴国库。铁路运输企业使用的其他无线电频率的频率占用费，由相应作出许可决定的机构负责收取，上缴国库。

**第十二条**　铁路运输企业应当依法使用无线电频率，严格按照无线电频率使用许可证的要求开展工作，不得擅自扩大使用范围或者改变用途，减少对铁路枢纽和相邻线路等地区的无线电干扰。

**第十三条**　除因不可抗力外，取得无线电频率使用许可后超过2年不使用或者使用率达不到无线电频率使用许可证规定要求的，作出许可决定的机构有权撤销无线电频率使用许可，收回无线电频率。

## 第三章　无线电台（站）管理

**第十四条**　国家铁路局会同有关铁路运输企业规划用于运营指挥调度、列车运行控制等涉及铁路运营安全的无线电台（站）的建设布局和台址，做好台站周边电磁环境监测和保护工作。

**第十五条**　铁路运输企业设置、使用无线电台（站），应当取得无线电台执照，但设置、使用《中华人民共和国无线电管理条例》第二十七条第一项至第三项规定的无线电台（站）除外。

**第十六条**　铁路运输企业设置、使用无线电台（站），应当符合《中华人民共和国无线电管理条例》的相关规定。

**第十七条**　国家铁路局对在铁路机车（含动车组列车，下同）上设置、使用的制式无线电台（站）实施许可。国家无线电管理机构在法定职权范围内，委托国家铁路局对在铁路机车上设置、使用的非制式无线电台（站）实施许可。

国家无线电管理机构和省、自治区、直辖市无线电管理机构依据审批权限对铁路运输企业设置、使用的其他无线电台（站）实施许可。

**第十八条** 铁路运输企业设置、使用无线电台（站），应当按照本办法第十七条确定的审批权限，向有关机构提出申请。

前款规定的机构应当自受理申请之日起 30 个工作日内审查完毕，作出许可或者不予许可的决定。予以许可的，颁发无线电台执照；不予许可的，应当书面通知申请人并说明理由。

**第十九条** 无线电台执照应当载明无线电台（站）设置、使用人、台址、使用频率、发射功率、有效期、使用要求、无线电台识别码、执照编号、发证机关及签发时间等事项。

无线电台执照的样式由国家无线电管理机构统一规定。

**第二十条** 无线电台（站）使用的无线电频率需要取得无线电频率使用许可的，其无线电台执照有效期不得超过无线电频率使用许可证规定的期限；根据规定不需要取得无线电频率使用许可的，其无线电台执照有效期不得超过 5 年。

无线电台执照有效期届满后需要继续使用无线电台（站）的，应当在期限届满 30 个工作日前向作出许可决定的机构申请更换无线电台执照。

**第二十一条** 铁路运输企业设置、使用无线电台（站）应当遵守无线电台执照规定的许可事项和条件；变更许可事项的，应当向作出许可决定的机构办理变更手续。

终止使用无线电台（站）的，应当及时向作出许可决定的机构办理注销手续，交回无线电台执照，拆除无线电台（站）及天线等附属设备。

**第二十二条** 铁路运输企业设置、使用无线电台（站），应当加强日常管理和维护，保证其无线电台（站）性能指标符合国家标准和国家无线电管理相关规定及铁路有关技术要求，避免对其他依法设置、使用的无线电台（站）产生有害干扰；不得故意收发无线电台执照许可事项之外的无线电信号，不得传播、公布或者利用无意接收的信息。

**第二十三条** 国家无线电管理机构，国家铁路局，省、自治区、直辖市无线电管理机构以及地区铁路监督管理局结合无线电台（站）设置、使用情况，共同组织开展监督检查工作。

## 第四章 无线电发射设备管理

**第二十四条** 研制铁路无线电发射设备使用的无线电频率应当符合国家无线电频率划分规定。

**第二十五条** 生产或者进口在国内销售、使用的铁路无线电发射设备，应当符合产品质量等法律法规、国家标准和国家无线电管理的有关规定。

**第二十六条** 销售应当取得型号核准的铁路无线电发射设备，应当向省、自治区、直辖市无线电管理机构办理销售备案。

**第二十七条** 研制、生产、销售和维修大功率铁路无线电发射设备，应当采取措施有效抑制电波发射，不得对依法设置、使用的无线电台（站）产生有害干扰。进行实效发射试验的，应当向省、自治区、直辖市无线电管理机构申请办理临时设置、使用无线电台（站）手续。

## 第五章 无线电监测和电波秩序维护

**第二十八条** 国家铁路局和地区铁路监督管理局的无线电监测站，负责对铁路无线电信号实施监测，查找无线电干扰源。铁路运输企业和其他相关无线电频率使用单位应当积极配合并协助开展相关工作。

**第二十九条** 国家铁路局、地区铁路监督管理局和铁路运输企业应当加强无线电管理基础设施、技术设施和队伍建设，增强监测能力和干扰源查找能力。

**第三十条** 省、自治区、直辖市无线电管理机构和国家铁路局、地区铁路监督管理局在规划建设无线电监测网（站）时，应当统筹考虑铁路行业使用的无线电频率保护需要。

**第三十一条** 国家无线电监测中心和省、自治区、直辖市无线电监测站分别在国家无线电管理机构和省、自治区、直辖市无线电管理机构领导下，落实铁路无线电频率保护工作机制，会同国家铁路局和地区铁路监督管理局的无线电监测站，加强对重要线路、重要站点、易发干扰地段的日常无线电保护性监测。铁路运输企业应当提供便利条件，配合开展有关工作。

**第三十二条** 铁路行业依法使用的无线电频率受到有害干扰的，应当及时进行自查，排除由于自身设备故障、用户误操作等内部原因造成的干扰。自查后仍无法消除干扰的，可以向有关机构投诉并提供必要的测试数据等信息。国家无线电管理机构，国家铁路局，省、自治区、直辖市无线电管理机构以及地区铁路监督管理局根据铁路无线电频率保护工作机制、无线电干扰投诉和查处有关规定及时处理相关投诉。

**第三十三条** 国家对依法使用的用于铁路运营指挥调度、列车运行控制、安全通信等涉及人身安全的无线电频率予以特别保护。任何无线电发射设备和辐射无线电波的非无线电设备对其产生有害干扰的，应当立即消除有害干扰。

**第三十四条** 严重影响铁路运营指挥调度、列车运行控制等的有害干扰发生后，省、自治区、直辖市无线电管理机构和地区铁路监督管理局应当加强组织领导和排查力量调遣，采取措施消除有害干扰，并及时报告国家无线电管理机构和国家铁路局。

**第三十五条** 省、自治区、直辖市无线电管理机构可以会同地区铁路监督管理局联合开展行政执法。

省、自治区、直辖市无线电管理机构，地区铁路监督管理局和有关铁路运输企业建立的本地区铁路无线电频率保护工作机制，应当明确铁路运营指挥调度、列车运行控制等涉及铁路运营安全的无线电频率的保护工作方案和技术措施，指导有关单位采取必要措施，预防有害干扰发生。

**第三十六条** 铁路运输企业应当加强无线电管理法律法规的宣传和教育，加强企业内部无线电管理工作，增强专业技术管理能力，规范无线电频率使用和无线电台（站）设置、使用行为。

## 第六章 附 则

**第三十七条** 境外铁路机车上设置的无线电台（站）在境内使用，按照国家无线电管理机构与境外无线电主管部门签订的有关协议执行。尚未签订协议的，应当经国家铁路局报请国家无线电管理机构批准。

**第三十八条** 本办法所称铁路制式无线电台（站），是指固定设置在铁路机车上、使用专门用于铁路运营指挥调度、列车运行控制等涉及铁路运营安全的无线电频率的无线电台（站）。

**第三十九条** 国家无线电管理机构应当将委托国家铁路局实施许可的内容予以公告，对国家铁路局实施许可的行为负责监督。国家铁路局应当将年度实施许可情况通报国家无线电管理机构。

**第四十条** 铁路行业其他相关单位使用无线电频率，设置、使用无线电台（站），适用本办法。

**第四十一条** 本办法自 2021 年 10 月 1 日起施行。原国家无线电管理委员会、铁道部 1996 年 4 月 19 日公布的《铁路无线电管理规则》（国无管〔1996〕6 号）同时废止。

# 税务稽查案件办理程序规定

（2021年7月12日国家税务总局令第52号公布
自2021年8月11日起施行　国司备字[2021004386]）

## 第一章　总　　则

**第一条**　为了贯彻落实中共中央办公厅、国务院办公厅印发的《关于进一步深化税收征管改革的意见》，保障税收法律、行政法规的贯彻实施，规范税务稽查案件办理程序，强化监督制约机制，保护纳税人、扣缴义务人和其他涉税当事人合法权益，根据《中华人民共和国税收征收管理法》（以下简称税收征管法）、《中华人民共和国税收征收管理法实施细则》（以下简称税收征管法实施细则）等法律、行政法规，制定本规定。

**第二条**　稽查局办理税务稽查案件适用本规定。

**第三条**　办理税务稽查案件应当以事实为根据，以法律为准绳，坚持公平、公正、公开、效率的原则。

**第四条**　税务稽查由稽查局依法实施。稽查局主要职责是依法对纳税人、扣缴义务人和其他涉税当事人履行纳税义务、扣缴义务情况及涉税事项进行检查处理，以及围绕检查处理开展的其他相关工作。稽查局具体职责由国家税务总局依照税收征管法、税收征管法实施细则和国家有关规定确定。

**第五条**　稽查局办理税务稽查案件时，实行选案、检查、审理、执行分工制约原则。

**第六条**　稽查局应当在税务局向社会公告的范围内实施税务稽查。上级税务机关可以根据案件办理的需要指定管辖。

税收法律、行政法规和国家税务总局规章对税务稽查管辖另有规定的，从其规定。

**第七条** 税务稽查管辖有争议的,由争议各方本着有利于案件办理的原则逐级协商解决;不能协商一致的,报请共同的上级税务机关决定。

**第八条** 税务稽查人员具有税收征管法实施细则规定回避情形的,应当回避。

被查对象申请税务稽查人员回避或者税务稽查人员自行申请回避的,由稽查局局长依法决定是否回避。稽查局局长发现税务稽查人员具有规定回避情形的,应当要求其回避。稽查局局长的回避,由税务局局长依法审查决定。

**第九条** 税务稽查人员对实施税务稽查过程中知悉的国家秘密、商业秘密或者个人隐私、个人信息,应当依法予以保密。

纳税人、扣缴义务人和其他涉税当事人的税收违法行为不属于保密范围。

**第十条** 税务稽查人员应当遵守工作纪律,恪守职业道德,不得有下列行为:

(一)违反法定程序、超越权限行使职权;

(二)利用职权为自己或者他人牟取利益;

(三)玩忽职守,不履行法定义务;

(四)泄露国家秘密、工作秘密,向被查对象通风报信、泄露案情;

(五)弄虚作假,故意夸大或者隐瞒案情;

(六)接受被查对象的请客送礼等影响公正执行公务的行为;

(七)其他违法违纪行为。

税务稽查人员在执法办案中滥用职权、玩忽职守、徇私舞弊的,依照有关规定严肃处理;涉嫌犯罪的,依法移送司法机关处理。

**第十一条** 税务稽查案件办理应当通过文字、音像等形式,对案件办理的启动、调查取证、审核、决定、送达、执行等进行全过程记录。

## 第二章 选　　案

**第十二条**　稽查局应当加强稽查案源管理，全面收集整理案源信息，合理、准确地选择待查对象。案源管理依照国家税务总局有关规定执行。

**第十三条**　待查对象确定后，经稽查局局长批准实施立案检查。

必要时，依照法律法规的规定，稽查局可以在立案前进行检查。

**第十四条**　稽查局应当统筹安排检查工作，严格控制对纳税人、扣缴义务人的检查次数。

## 第三章 检　　查

**第十五条**　检查前，稽查局应当告知被查对象检查时间、需要准备的资料等，但预先通知有碍检查的除外。

检查应当由两名以上具有执法资格的检查人员共同实施，并向被查对象出示税务检查证件、出示或者送达税务检查通知书，告知其权利和义务。

**第十六条**　检查应当依照法定权限和程序，采取实地检查、调取账簿资料、询问、查询存款账户或者储蓄存款、异地协查等方法。

对采用电子信息系统进行管理和核算的被查对象，检查人员可以要求其打开该电子信息系统，或者提供与原始电子数据、电子信息系统技术资料一致的复制件。被查对象拒不打开或者拒不提供的，经稽查局局长批准，可以采用适当的技术手段对该电子信息系统进行直接检查，或者提取、复制电子数据进行检查，但所采用的技术手段不得破坏该电子信息系统原始电子数据，或者影响该电子信息系统正常运行。

**第十七条**　检查应当依照法定权限和程序收集证据材料。收集的证据必须经查证属实,并与证明事项相关联。

不得以下列方式收集、获取证据材料:

(一)严重违反法定程序收集;

(二)以违反法律强制性规定的手段获取且侵害他人合法权益;

(三)以利诱、欺诈、胁迫、暴力等手段获取。

**第十八条**　调取账簿、记账凭证、报表和其他有关资料时,应当向被查对象出具调取账簿资料通知书,并填写调取账簿资料清单交其核对后签章确认。

调取纳税人、扣缴义务人以前会计年度的账簿、记账凭证、报表和其他有关资料的,应当经县以上税务局局长批准,并在3个月内完整退还;调取纳税人、扣缴义务人当年的账簿、记账凭证、报表和其他有关资料的,应当经设区的市、自治州以上税务局局长批准,并在30日内退还。

退还账簿资料时,应当由被查对象核对调取账簿资料清单,并签章确认。

**第十九条**　需要提取证据材料原件的,应当向当事人出具提取证据专用收据,由当事人核对后签章确认。对需要退还的证据材料原件,检查结束后应当及时退还,并履行相关签收手续。需要将已开具的纸质发票调出查验时,应当向被查验的单位或者个人开具发票换票证;需要将空白纸质发票调出查验时,应当向被查验的单位或者个人开具调验空白发票收据。经查无问题的,应当及时退还,并履行相关签收手续。

提取证据材料复制件的,应当由当事人或者原件保存单位(个人)在复制件上注明"与原件核对无误"及原件存放地点,并签章。

**第二十条**　询问应当由两名以上检查人员实施。除在被查对象生产、经营、办公场所询问外,应当向被询问人送达询问通知书。

询问时应当告知被询问人有关权利义务。询问笔录应当交被询问人核对或者向其宣读;询问笔录有修改的,应当由被询问人在改动处捺指印;核对无误后,由被询问人在尾页结束处写明“以上笔录我看过(或者向我宣读过),与我说的相符”,并逐页签章、捺指印。被询问人拒绝在询问笔录上签章、捺指印的,检查人员应当在笔录上注明。

**第二十一条** 当事人、证人可以采取书面或者口头方式陈述或者提供证言。当事人、证人口头陈述或者提供证言的,检查人员应当以笔录、录音、录像等形式进行记录。笔录可以手写或者使用计算机记录并打印,由当事人或者证人逐页签章、捺指印。

当事人、证人口头提出变更陈述或者证言的,检查人员应当就变更部分重新制作笔录,注明原因,由当事人或者证人逐页签章、捺指印。当事人、证人变更书面陈述或者证言的,变更前的笔录不予退回。

**第二十二条** 制作录音、录像等视听资料的,应当注明制作方法、制作时间、制作人和证明对象等内容。

调取视听资料时,应当调取有关资料的原始载体;难以调取原始载体的,可以调取复制件,但应当说明复制方法、人员、时间和原件存放处等事项。

对声音资料,应当附有该声音内容的文字记录;对图像资料,应当附有必要的文字说明。

**第二十三条** 以电子数据的内容证明案件事实的,检查人员可以要求当事人将电子数据打印成纸质资料,在纸质资料上注明数据出处、打印场所、打印时间或者提供时间,注明“与电子数据核对无误”,并由当事人签章。

需要以有形载体形式固定电子数据的,检查人员应当与提供电子数据的个人、单位的法定代表人或者财务负责人或者经单位授权的其他人员一起将电子数据复制到存储介质上并封存,同时在封存包装物上注明制作方法、制作时间、制作人、文件格式及大小等,注明“与原始载体记载的电子数据核对无误”,并由电子数据提供人签章。

收集、提取电子数据，检查人员应当制作现场笔录，注明电子数据的来源、事由、证明目的或者对象，提取时间、地点、方法、过程，原始存储介质的存放地点以及对电子数据存储介质的签封情况等。进行数据压缩的，应当在笔录中注明压缩方法和完整性校验值。

**第二十四条** 检查人员实地调查取证时，可以制作现场笔录、勘验笔录，对实地调查取证情况予以记录。

制作现场笔录、勘验笔录，应当载明时间、地点和事件等内容，并由检查人员签名和当事人签章。

当事人经通知不到场或者拒绝在现场笔录、勘验笔录上签章的，检查人员应当在笔录上注明原因；如有其他人员在场，可以由其签章证明。

**第二十五条** 检查人员异地调查取证的，当地税务机关应当予以协助；发函委托相关稽查局调查取证的，必要时可以派人参与受托地稽查局的调查取证，受托地稽查局应当根据协查请求，依照法定权限和程序调查。

需要取得境外资料的，稽查局可以提请国际税收管理部门依照有关规定程序获取。

**第二十六条** 查询从事生产、经营的纳税人、扣缴义务人存款账户，应当经县以上税务局局长批准，凭检查存款账户许可证明向相关银行或者其他金融机构查询。

查询案件涉嫌人员储蓄存款的，应当经设区的市、自治州以上税务局局长批准，凭检查存款账户许可证明向相关银行或者其他金融机构查询。

**第二十七条** 被查对象有下列情形之一的，依照税收征管法和税收征管法实施细则有关逃避、拒绝或者以其他方式阻挠税务检查的规定处理：

（一）提供虚假资料，不如实反映情况，或者拒绝提供有关资料的；

（二）拒绝或者阻止税务机关记录、录音、录像、照相和复制与案件有关的情况和资料的；

（三）在检查期间转移、隐匿、销毁有关资料的；

（四）有不依法接受税务检查的其他情形的。

**第二十八条** 税务机关有根据认为从事生产、经营的纳税人有逃避纳税义务行为，可以在规定的纳税期之前，责令限期缴纳应纳税款；在限期内发现纳税人有明显的转移、隐匿其应纳税的商品、货物以及其他财产或者应纳税收入迹象的，可以责成纳税人提供纳税担保。如果纳税人不能提供纳税担保，经县以上税务局局长批准，可以依法采取税收强制措施。

检查从事生产、经营的纳税人以前纳税期的纳税情况时，发现纳税人有逃避纳税义务行为，并有明显的转移、隐匿其应纳税的商品、货物以及其他财产或者应纳税收入迹象的，经县以上税务局局长批准，可以依法采取税收强制措施。

**第二十九条** 稽查局采取税收强制措施时，应当向纳税人、扣缴义务人、纳税担保人交付税收强制措施决定书，告知其采取税收强制措施的内容、理由、依据以及依法享有的权利、救济途径，并履行法律、法规规定的其他程序。

采取冻结纳税人在开户银行或者其他金融机构的存款措施时，应当向纳税人开户银行或者其他金融机构交付冻结存款通知书，冻结其相当于应纳税款的存款；并于作出冻结决定之日起3个工作日内，向纳税人交付冻结决定书。

采取查封、扣押商品、货物或者其他财产措施时，应当向纳税人、扣缴义务人、纳税担保人当场交付查封、扣押决定书，填写查封商品、货物或者其他财产清单或者出具扣押商品、货物或者其他财产专用收据，由当事人核对后签章。查封清单、扣押收据一式二份，由当事人和稽查局分别保存。

采取查封、扣押有产权证件的动产或者不动产措施时，应当依法向有关单位送达税务协助执行通知书，通知其在查封、扣押期间不再办理该动产或者不动产的过户手续。

**第三十条** 按照本规定第二十八条第二款采取查封、扣押措施的，期限一般不得超过6个月；重大案件有下列情形之一，需要延长期限的，应当报国家税务总局批准：

（一）案情复杂，在查封、扣押期限内确实难以查明案件事实的；

（二）被查对象转移、隐匿、销毁账簿、记账凭证或者其他证据材料的；

（三）被查对象拒不提供相关情况或者以其他方式拒绝、阻挠检查的；

（四）解除查封、扣押措施可能使纳税人转移、隐匿、损毁或者违法处置财产，从而导致税款无法追缴的。

除前款规定情形外采取查封、扣押、冻结措施的，期限不得超过30日；情况复杂的，经县以上税务局局长批准，可以延长，但是延长期限不得超过30日。

**第三十一条** 有下列情形之一的，应当依法及时解除税收强制措施：

（一）纳税人已按履行期限缴纳税款、扣缴义务人已按履行期限解缴税款、纳税担保人已按履行期限缴纳所担保税款的；

（二）税收强制措施被复议机关决定撤销的；

（三）税收强制措施被人民法院判决撤销的；

（四）其他法定应当解除税收强制措施的。

**第三十二条** 解除税收强制措施时，应当向纳税人、扣缴义务人、纳税担保人送达解除税收强制措施决定书，告知其解除税收强制措施的时间、内容和依据，并通知其在规定时间内办理解除税收强制措施的有关事宜：

（一）采取冻结存款措施的，应当向冻结存款的纳税人开户银行或者其他金融机构送达解除冻结存款通知书，解除冻结；

（二）采取查封商品、货物或者其他财产措施的，应当解除查封并收回查封商品、货物或者其他财产清单；

（三）采取扣押商品、货物或者其他财产措施的，应当予以返还并收回扣押商品、货物或者其他财产专用收据。

税收强制措施涉及协助执行单位的，应当向协助执行单位送达税务协助执行通知书，通知解除税收强制措施相关事项。

**第三十三条**　有下列情形之一，致使检查暂时无法进行的，经稽查局局长批准后，中止检查：

（一）当事人被有关机关依法限制人身自由的；

（二）账簿、记账凭证及有关资料被其他国家机关依法调取且尚未归还的；

（三）与税收违法行为直接相关的事实需要人民法院或者其他国家机关确认的；

（四）法律、行政法规或者国家税务总局规定的其他可以中止检查的。

中止检查的情形消失，经稽查局局长批准后，恢复检查。

**第三十四条**　有下列情形之一，致使检查确实无法进行的，经稽查局局长批准后，终结检查：

（一）被查对象死亡或者被依法宣告死亡或者依法注销，且有证据表明无财产可抵缴税款或者无法定税收义务承担主体的；

（二）被查对象税收违法行为均已超过法定追究期限的；

（三）法律、行政法规或者国家税务总局规定的其他可以终结检查的。

**第三十五条**　检查结束前，检查人员可以将发现的税收违法事实和依据告知被查对象。

被查对象对违法事实和依据有异议的，应当在限期内提供说明及证据材料。被查对象口头说明的，检查人员应当制作笔录，由当事人签章。

## 第四章 审 理

**第三十六条** 检查结束后，稽查局应当对案件进行审理。符合重大税务案件标准的，稽查局审理后提请税务局重大税务案件审理委员会审理。

重大税务案件审理依照国家税务总局有关规定执行。

**第三十七条** 案件审理应当着重审核以下内容：

（一）执法主体是否正确；

（二）被查对象是否准确；

（三）税收违法事实是否清楚，证据是否充分，数据是否准确，资料是否齐全；

（四）适用法律、行政法规、规章及其他规范性文件是否适当，定性是否正确；

（五）是否符合法定程序；

（六）是否超越或者滥用职权；

（七）税务处理、处罚建议是否适当；

（八）其他应当审核确认的事项或者问题。

**第三十八条** 有下列情形之一的，应当补正或者补充调查：

（一）被查对象认定错误的；

（二）税收违法事实不清、证据不足的；

（三）不符合法定程序的；

（四）税务文书不规范、不完整的；

（五）其他需要补正或者补充调查的。

**第三十九条** 拟对被查对象或者其他涉税当事人作出税务行政处罚的，应当向其送达税务行政处罚事项告知书，告知其依法享有陈述、申辩及要求听证的权利。税务行政处罚事项告知书应当包括以下内容：

（一）被查对象或者其他涉税当事人姓名或者名称、有效身份证件号码或者统一社会信用代码、地址。没有统一社会信用代码的，以税务机关赋予的纳税人识别号代替；

（二）认定的税收违法事实和性质；

（三）适用的法律、行政法规、规章及其他规范性文件；

（四）拟作出的税务行政处罚；

（五）当事人依法享有的权利；

（六）告知书的文号、制作日期、税务机关名称及印章；

（七）其他相关事项。

**第四十条** 被查对象或者其他涉税当事人可以书面或者口头提出陈述、申辩意见。对当事人口头提出陈述、申辩意见，应当制作陈述申辩笔录，如实记录，由陈述人、申辩人签章。

应当充分听取当事人的陈述、申辩意见；经复核，当事人提出的事实、理由或者证据成立的，应当采纳。

**第四十一条** 被查对象或者其他涉税当事人按照法律、法规、规章要求听证的，应当依法组织听证。

听证依照国家税务总局有关规定执行。

**第四十二条** 经审理，区分下列情形分别作出处理：

（一）有税收违法行为，应当作出税务处理决定的，制作税务处理决定书；

（二）有税收违法行为，应当作出税务行政处罚决定的，制作税务行政处罚决定书；

（三）税收违法行为轻微，依法可以不予税务行政处罚的，制作不予税务行政处罚决定书；

（四）没有税收违法行为的，制作税务稽查结论。

税务处理决定书、税务行政处罚决定书、不予税务行政处罚决定书、税务稽查结论引用的法律、行政法规、规章及其他规范性文件，应当注明文件全称、文号和有关条款。

**第四十三条** 税务处理决定书应当包括以下主要内容：

（一）被查对象姓名或者名称、有效身份证件号码或者统一社会信用代码、地址。没有统一社会信用代码的，以税务机关赋予的纳税人识别号代替；

（二）检查范围和内容；

（三）税收违法事实及所属期间；

（四）处理决定及依据；

（五）税款金额、缴纳期限及地点；

（六）税款滞纳时间、滞纳金计算方法、缴纳期限及地点；

（七）被查对象不按期履行处理决定应当承担的责任；

（八）申请行政复议或者提起行政诉讼的途径和期限；

（九）处理决定书的文号、制作日期、税务机关名称及印章。

**第四十四条** 税务行政处罚决定书应当包括以下主要内容：

（一）被查对象或者其他涉税当事人姓名或者名称、有效身份证件号码或者统一社会信用代码、地址。没有统一社会信用代码的，以税务机关赋予的纳税人识别号代替；

（二）检查范围和内容；

（三）税收违法事实、证据及所属期间；

（四）行政处罚种类和依据；

（五）行政处罚履行方式、期限和地点；

（六）当事人不按期履行行政处罚决定应当承担的责任；

（七）申请行政复议或者提起行政诉讼的途径和期限；

（八）行政处罚决定书的文号、制作日期、税务机关名称及印章。

税务行政处罚决定应当依法公开。公开的行政处罚决定被依法变更、撤销、确认违法或者确认无效的，应当在3个工作日内撤回原行政处罚决定信息并公开说明理由。

**第四十五条** 不予税务行政处罚决定书应当包括以下主要内容：

（一）被查对象或者其他涉税当事人姓名或者名称、有效身份证件号码或者统一社会信用代码、地址。没有统一社会信用代码的，以税务机关赋予的纳税人识别号代替；

（二）检查范围和内容；

（三）税收违法事实及所属期间；

（四）不予税务行政处罚的理由及依据；

（五）申请行政复议或者提起行政诉讼的途径和期限；

（六）不予行政处罚决定书的文号、制作日期、税务机关名称及印章。

**第四十六条** 税务稽查结论应当包括以下主要内容：

（一）被查对象姓名或者名称、有效身份证件号码或者统一社会信用代码、地址。没有统一社会信用代码的，以税务机关赋予的纳税人识别号代替；

（二）检查范围和内容；

（三）检查时间和检查所属期间；

（四）检查结论；

（五）结论的文号、制作日期、税务机关名称及印章。

**第四十七条** 稽查局应当自立案之日起 90 日内作出行政处理、处罚决定或者无税收违法行为结论。案情复杂需要延期的，经税务局局长批准，可以延长不超过 90 日；特殊情况或者发生不可抗力需要继续延期的，应当经上一级税务局分管副局长批准，并确定合理的延长期限。但下列时间不计算在内：

（一）中止检查的时间；

（二）请示上级机关或者征求有权机关意见的时间；

（三）提请重大税务案件审理的时间；

（四）因其他方式无法送达，公告送达文书的时间；

（五）组织听证的时间；

（六）纳税人、扣缴义务人超期提供资料的时间；

（七）移送司法机关后，税务机关需根据司法文书决定是否处罚的案件，从司法机关接受移送到司法文书生效的时间。

**第四十八条** 税收违法行为涉嫌犯罪的，填制涉嫌犯罪案件移送书，经税务局局长批准后，依法移送公安机关，并附送以下资料：

（一）涉嫌犯罪案件情况的调查报告；

（二）涉嫌犯罪的主要证据材料复制件；

（三）其他有关涉嫌犯罪的材料。

## 第五章 执 行

**第四十九条** 稽查局应当依法及时送达税务处理决定书、税务行政处罚决定书、不予税务行政处罚决定书、税务稽查结论等税务文书。

**第五十条** 具有下列情形之一的，经县以上税务局局长批准，稽查局可以依法强制执行，或者依法申请人民法院强制执行：

（一）纳税人、扣缴义务人未按照规定的期限缴纳或者解缴税款、滞纳金，责令限期缴纳逾期仍未缴纳的；

（二）经稽查局确认的纳税担保人未按照规定的期限缴纳所担保的税款、滞纳金，责令限期缴纳逾期仍未缴纳的；

（三）当事人对处罚决定逾期不申请行政复议也不向人民法院起诉、又不履行的；

（四）其他可以依法强制执行的。

**第五十一条** 当事人确有经济困难，需要延期或者分期缴纳罚款的，可向稽查局提出申请，经税务局局长批准后，可以暂缓或者分期缴纳。

**第五十二条** 作出强制执行决定前，应当制作并送达催告文书，催告当事人履行义务，听取当事人陈述、申辩意见。经催告，当事人逾期仍不履行行政决定，且无正当理由的，经县以上税务局局长批准，实施强制执行。

实施强制执行时，应当向被执行人送达强制执行决定书，告知其实施强制执行的内容、理由及依据，并告知其享有依法申请行政复议或者提起行政诉讼的权利。

催告期间，对有证据证明有转移或者隐匿财物迹象的，可以作出立即强制执行决定。

**第五十三条** 稽查局采取从被执行人开户银行或者其他金融机构的存款中扣缴税款、滞纳金、罚款措施时，应当向被执行人开户银行或者其他金融机构送达扣缴税收款项通知书，依法扣缴税款、滞纳金、罚款，并及时将有关凭证送达被执行人。

**第五十四条** 拍卖、变卖被执行人商品、货物或者其他财产，以拍卖、变卖所得抵缴税款、滞纳金、罚款的，在拍卖、变卖前应当依法进行查封、扣押。

稽查局拍卖、变卖被执行人商品、货物或者其他财产前，应当制作拍卖/变卖抵税财物决定书，经县以上税务局局长批准后送达被执行人，予以拍卖或者变卖。

拍卖或者变卖实现后，应当在结算并收取价款后 3 个工作日内，办理税款、滞纳金、罚款的入库手续，并制作拍卖/变卖结果通知书，附拍卖/变卖查封、扣押的商品、货物或者其他财产清单，经稽查局局长审核后，送达被执行人。

以拍卖或者变卖所得抵缴税款、滞纳金、罚款和拍卖、变卖等费用后，尚有剩余的财产或者无法进行拍卖、变卖的财产的，应当制作返还商品、货物或者其他财产通知书，附返还商品、货物或者其他财产清单，送达被执行人，并自办理税款、滞纳金、罚款入库手续之日起 3 个工作日内退还被执行人。

**第五十五条** 执行过程中发现涉嫌犯罪的，依照本规定第四十八条处理。

**第五十六条** 执行过程中发现有下列情形之一的，经稽查局局长批准后，中止执行：

（一）当事人死亡或者被依法宣告死亡，尚未确定可执行财产的；

（二）当事人进入破产清算程序尚未终结的；

（三）可执行财产被司法机关或者其他国家机关依法查封、扣押、冻结，致使执行暂时无法进行的；

（四）可供执行的标的物需要人民法院或者仲裁机构确定权属的；

（五）法律、行政法规和国家税务总局规定其他可以中止执行的。

中止执行情形消失后，经稽查局局长批准，恢复执行。

**第五十七条** 当事人确无财产可供抵缴税款、滞纳金、罚款或者依照破产清算程序确实无法清缴税款、滞纳金、罚款，或者有其他法定终结执行情形的，经税务局局长批准后，终结执行。

**第五十八条** 税务处理决定书、税务行政处罚决定书等决定性文书送达后，有下列情形之一的，稽查局可以依法重新作出：

（一）决定性文书被人民法院判决撤销的；

（二）决定性文书被行政复议机关决定撤销的；

（三）税务机关认为需要变更或者撤销原决定性文书的；

（四）其他依法需要变更或者撤销原决定性文书的。

## 第六章 附 则

**第五十九条** 本规定相关税务文书的式样，由国家税务总局规定。

**第六十条** 本规定所称签章，区分以下情况确定：

（一）属于法人或者其他组织的，由相关人员签名，加盖单位印章并注明日期；

（二）属于个人的，由个人签名并注明日期。

本规定所称“以上”“日内”，均含本数。

**第六十一条** 本规定自 2021 年 8 月 11 日起施行。《税务稽查工作规程》（国税发〔2009〕157 号印发，国家税务总局公告 2018 年第 31 号修改）同时废止。

# 证券期货违法行为行政处罚办法

（2021年7月14日中国证券监督管理委员会令第186号公布　自公布之日起施行　国司备字[2021004477]）

**第一条**　为了规范中国证券监督管理委员会（以下简称中国证监会）及其派出机构行政处罚的实施，维护证券期货市场秩序，保护公民、法人和其他组织的合法权益，根据《中华人民共和国行政处罚法》《中华人民共和国证券法》《中华人民共和国证券投资基金法》《期货交易管理条例》等法律、法规，制定本办法。

**第二条**　中国证监会依法对全国证券期货市场实行集中统一监督管理。中国证监会派出机构按照授权，依法履行行政处罚职责。

**第三条**　自然人、法人或者其他组织违反证券期货法律、法规和规章规定，应当给予行政处罚的，中国证监会及其派出机构依照有关法律、法规、规章和本办法规定的程序实施。

**第四条**　中国证监会及其派出机构实施行政处罚，遵循公开、公平、公正、效率和审慎监管原则，依法、全面、客观地调查、收集有关证据。

**第五条**　中国证监会及其派出机构作出的行政处罚决定，应当事实清楚、证据确凿、依据正确、程序合法、处罚适当。

**第六条**　中国证监会及其派出机构发现自然人、法人或者其他组织涉嫌违反证券期货法律、法规和规章，符合下列条件，且不存在依法不予行政处罚等情形的，应当立案：

（一）有明确的违法行为主体；

（二）有证明违法事实的证据；

（三）法律、法规、规章规定有明确的行政处罚法律责任；

（四）尚未超过二年行政处罚时效。涉及金融安全且有危害后果的,尚未超过五年行政处罚时效。

**第七条** 中国证监会及其派出机构通过文字记录等形式对行政处罚进行全过程记录,归档保存。根据需要,可以对容易引发争议的行政处罚过程进行音像记录,被调查的单位和个人不配合的,执法人员对相关情况进行文字说明。

**第八条** 中国证监会及其派出机构执法人员必须忠于职守,依法办事,公正廉洁,不得滥用权力,或者利用职务便利牟取不正当利益;严格遵守保密规定,不得泄露案件查办信息,不得泄露所知悉的国家秘密、商业秘密和个人隐私;对于依法取得的个人信息,应当确保信息安全。

**第九条** 中国证监会及其派出机构进行调查时,执法人员不得少于二人,并应当出示执法证和调查通知书等执法文书。执法人员少于二人或者未出示执法证和调查通知书等执法文书的,被调查的单位和个人有权拒绝。

执法人员应当在询问笔录或现场笔录等材料中对出示情况进行记录。

**第十条** 被调查的单位和个人应当配合调查,如实回答询问,按要求提供有关文件和资料,不得拒绝、阻碍和隐瞒。

**第十一条** 中国证监会及其派出机构调查、收集的证据包括:

(一)书证;

(二)物证;

(三)视听资料;

(四)电子数据;

(五)证人证言;

(六)当事人的陈述;

(七)鉴定意见;

(八)勘验笔录、现场笔录。

证据必须经查证属实,方可作为认定案件事实的根据。

以非法手段取得的证据,不得作为认定案件事实的根据。

**第十二条**　书证原则上应当收集原件。收集原件确有困难的,可以收集与原件核对无误的复印件、照片、节录本。复印件、照片、节录本由证据提供人核对无误后注明与原件一致,同时由证据提供人逐页签名或者盖章。提供复印内容较多且连续编码的,可以在首尾页及骑缝处签名、盖章。

**第十三条**　物证原则上应当收集原物。收集原物确有困难的,可以收集与原物核对无误的复制品或者证明该物证的照片、录像等其他证据。原物为数量较多的种类物的,可以收集其中一部分。收集复制品或者影像资料的,应当在现场笔录中说明取证情况。

**第十四条**　视听资料原则上应当收集有关资料的原始载体。收集原始载体确有困难的,可以收集与原始载体核对无误的复制件,并以现场笔录或其他方式注明制作方法、制作时间、制作人和证明对象等。声音资料应当附有该录音内容的文字记录。

**第十五条**　电子数据原则上应当收集有关数据的原始载体。收集电子数据原始载体确有困难的,可以制作复制件,并以现场笔录或其他方式记录参与人员、技术方法、收集对象、步骤和过程等。具备条件的,可以采取拍照或录像等方式记录取证过程。对于电子数据的关键内容,可以直接打印或者截屏打印,并由证据提供人签字确认。

**第十六条**　当事人的陈述、证人证言可以通过询问笔录、书面说明等方式调取。询问应当分别单独进行。询问笔录应当由被询问人员及至少二名参与询问的执法人员逐页签名并注明日期;如有修改,应当由被询问人签字确认。

通过书面说明方式调取的,书面说明应当由提供人逐页签名或者盖章并注明日期。

**第十七条**　对于涉众型违法行为,在能够充分证明基本违法事实的前提下,执法人员可以按一定比例收集和调取书证、证人证言等证据。

**第十八条** 下列证据材料,经审查符合真实性、合法性及关联性要求的,可以作为行政处罚的证据:

(一)中国证监会及其派出机构在立案前调查或者监督检查过程中依法取得的证据材料;

(二)司法机关、纪检监察机关、其他行政机关等保存、公布、移交的证据材料;

(三)中国证监会及其派出机构通过依法建立的跨境监督管理合作机制获取的证据材料;

(四)其他符合真实性、合法性及关联性要求的证据材料。

**第十九条** 中国证监会及其派出机构根据案情需要,可以委托下列单位和人员提供协助:

(一)委托具有法定鉴定资质的鉴定机构对涉案相关事项进行鉴定,鉴定意见应有鉴定人签名和鉴定机构盖章;

(二)委托会计师事务所、资产评估事务所、律师事务所等中介机构以及专家顾问提供专业支持;

(三)委托证券期货交易场所、登记结算机构等检验、测算相关数据或提供与其职能有关的其他协助。

**第二十条** 中国证监会及其派出机构可以依法要求当事人或与被调查事件有关的单位和个人,在指定的合理期限内,通过纸质、电子邮件、光盘等指定方式报送与被调查事件有关的文件和资料。

**第二十一条** 中国证监会及其派出机构依法需要采取冻结、查封、扣押、限制证券买卖等措施的,按照《中华人民共和国行政强制法》等法律、法规以及中国证监会的有关规定办理。

**第二十二条** 中国证监会及其派出机构依法需要采取封存、先行登记保存措施的,应当经单位负责人批准。

遇有紧急情况,需要立即采取上述措施的,执法人员应当在二十四小时内向单位负责人报告,并补办批准手续。单位负责人认为不应当采取的,应当立即解除。

**第二十三条** 采取封存、先行登记保存措施的，应当当场清点，出具决定书或通知书，开列清单并制作现场笔录。

对于封存、先行登记保存的证据，中国证监会及其派出机构可以自行或采取委托第三方等其他适当方式保管，当事人和有关人员不得隐藏、转移、变卖或者毁损。

**第二十四条** 对于先行登记保存的证据，应当在七日内采取下列措施：

（一）根据情况及时采取记录、复制、拍照、录像、提取电子数据等证据保全措施；

（二）需要检查、检验、鉴定、评估的，送交检查、检验、鉴定、评估；

（三）依据有关法律、法规可以采取查封、扣押、封存等措施的，作出查封、扣押、封存等决定；

（四）违法事实不成立，或者违法事实成立但依法不应予以查封、扣押、封存的，决定解除先行登记保存措施。

**第二十五条** 执法人员制作现场笔录的，应当载明时间、地点和事件等内容，并由执法人员和当事人等在场有关人员签名或者盖章。

当事人或者有关人员拒绝或不能在现场笔录、询问笔录、证据材料上签名、盖章的，执法人员应当在现场笔录、询问笔录、证据材料上说明或以录音录像等形式加以证明。必要时，执法人员可以请无利害关系第三方作为见证人签名。

**第二十六条** 实施行政处罚过程中，有下列情形之一的，中国证监会可以通知出境入境管理机关依法阻止涉嫌违法人员、涉嫌违法单位的主管人员和其他直接责任人员出境：

（一）相关人员涉嫌违法行为情节严重、影响恶劣，或存在本办法第三十八条规定的行为，出境后可能对行政处罚的实施产生不利影响的；

（二）相关人员涉嫌构成犯罪，可能承担刑事责任的；

（三）存在有必要阻止出境的其他情形的。

阻止出境的期限按照出境入境管理机关的规定办理，需要延长期限的，应当通知出境入境管理机关。到期不通知的，由出境入境管理机关按规定解除阻止出境措施。

经调查、审理，被阻止出境人员不属于涉嫌违法人员或责任人员，或者中国证监会认为没有必要继续阻止出境的，应当通知出境入境管理机关依法解除对相关人员的阻止出境措施。

**第二十七条** 案件调查终结，中国证监会及其派出机构根据案件不同情况，依法报单位负责人批准后，分别作出如下决定：

（一）确有应受行政处罚的违法行为的，根据情节轻重及具体情况，作出行政处罚决定；

（二）违法行为轻微，依法可以不予行政处罚的，不予行政处罚；

（三）违法事实不能成立的，不予行政处罚；

（四）违法行为涉嫌犯罪的，依法移送司法机关。

对情节复杂或者重大违法行为给予行政处罚，中国证监会及其派出机构负责人应当集体讨论决定。

**第二十八条** 中国证监会设立行政处罚委员会，对按照规定向其移交的案件提出审理意见、依法进行法制审核，报单位负责人批准后作出处理决定。

中国证监会派出机构负责人作出行政处罚的决定之前，依法由从事行政处罚决定法制审核的人员进行法制审核。

**第二十九条** 中国证监会及其派出机构在行政处罚过程中发现违法行为涉嫌犯罪的，应当依法、及时将案件移送司法机关处理。

司法机关依法不追究刑事责任或者免予刑事处罚，但应当给予行政处罚的，中国证监会及其派出机构依法作出行政处罚决定。

**第三十条** 行政处罚决定作出前，中国证监会及其派出机构应当向当事人送达行政处罚事先告知书，载明下列内容：

（一）拟作出行政处罚的事实、理由和依据；

（二）拟作出的行政处罚决定；

（三）当事人依法享有陈述和申辩的权利；

（四）符合《中国证券监督管理委员会行政处罚听证规则》所规定条件的，当事人享有要求听证的权利。

**第三十一条** 当事人要求听证的，按照听证相关规定办理。

当事人要求陈述、申辩但未要求听证的，应当在行政处罚事先告知书送达后五日内提出，并在行政处罚事先告知书送达后十五日内提出陈述、申辩意见。当事人书面申请延长陈述、申辩期限的，经同意后可以延期。

当事人存在下列情形的，视为明确放弃陈述、申辩、听证权利：

（一）当事人未按前两款规定提出听证要求或陈述、申辩要求的；

（二）要求听证的当事人未按听证通知书载明的时间、地点参加听证，截至听证当日也未提出陈述、申辩意见的；

（三）要求陈述、申辩但未要求听证的当事人，未在规定时间内提出陈述、申辩意见的。

**第三十二条** 中国证监会及其派出机构对已经送达的行政处罚事先告知书认定的主要事实、理由、依据或者拟处罚决定作出调整的，应当重新向当事人送达行政处罚事先告知书，但作出对当事人有利变更的除外。

**第三十三条** 当事人收到行政处罚事先告知书后，可以申请查阅涉及本人行政处罚事项的证据，但涉及国家秘密、他人的商业秘密和个人隐私的内容除外。

**第三十四条** 证券期货违法行为的违法所得，是指通过违法行为所获利益或者避免的损失，应根据违法行为的不同性质予以认定，具体规则由中国证监会另行制定。

**第三十五条** 中国证监会及其派出机构应当自立案之日起一年内作出行政处罚决定。有特殊情况需要延长的，应当报经单位负责人批准,每次延长期限不得超过六个月。

中国证监会及其派出机构作出行政处罚决定的,应当依照《中华人民共和国行政处罚法》的规定,在七日内将行政处罚决定书送达当事人,并按照政府信息公开等规定予以公开。

**第三十六条** 行政执法文书可以采取《中华人民共和国民事诉讼法》规定的方式送达当事人。当事人同意的,可以采用传真、电子邮件等方式送达。

**第三十七条** 申请适用行政执法当事人承诺制度的,按照有关规定办理。

**第三十八条** 有下列拒绝、阻碍执法情形之一的,按照《证券法》第二百一十八条的规定追究责任:

(一)殴打、围攻、推搡、抓挠、威胁、侮辱、谩骂执法人员的;

(二)限制执法人员人身自由的;

(三)抢夺、毁损执法装备及执法人员个人物品的;

(四)抢夺、毁损、伪造、隐藏证据材料的;

(五)不按要求报送文件资料,且无正当理由的;

(六)转移、变卖、毁损、隐藏被依法冻结、查封、扣押、封存的资金或涉案财产的;

(七)躲避推脱、拒不接受、无故离开等不配合执法人员询问,或在询问时故意提供虚假陈述、谎报案情的;

(八)其他不履行配合义务的情形。

**第三十九条** 本办法所称派出机构,是指中国证监会派驻各省、自治区、直辖市和计划单列市监管局。

中国证监会稽查总队、证券监管专员办事处根据职责或授权对证券期货违法行为进行立案、调查的,依照本办法执行。

**第四十条** 行政处罚相关信息记入证券期货市场诚信档案数据库。

**第四十一条** 本办法自公布之日起施行。

# 交通运输部关于废止《中华人民共和国交通部拆解船舶监督管理规则》的决定

（2021 年 7 月 16 日交通运输部令 2021 年第 9 号公布　自公布之日起施行　国司备字[2021004401]）

交通运输部决定废止《中华人民共和国交通部拆解船舶监督管理规则》〔(89)交安监字 723 号〕。

本决定自公布之日起施行。

# 再保险业务管理规定

（2021 年 7 月 21 日中国银行保险监督管理委员会令 2021 年第 8 号公布　自 2021 年 12 月 1 日起施行　国司备字[2021004490]）

## 第一章　总　　则

**第一条**　为规范和发展再保险市场，加强对再保险业务的管理，实现保险业健康协调可持续发展，依据《中华人民共和国保险法》（以下简称《保险法》）、《中华人民共和国外资保险公司管理条例》以及有关法律、行政法规，制定本规定。

**第二条**　本规定所称再保险，是指保险人将其承担的保险业务，部分转移给其他保险人的经营行为。

本规定所称直接保险，也称原保险，是相对再保险而言的保险，由投保人与保险人直接订立保险合同的保险业务。

本规定所称转分保，是指再保险接受人将其分入的保险业务，转移给其他保险人的经营行为。

本规定所称合约分保，是指保险人与其他保险人预先订立合同，约定将一定时期内其承担的保险业务，部分向其他保险人办理再保险，再保险接受人需按照约定分保条件承担再保险责任的经营行为。

本规定所称临时分保，是指保险人临时与其他保险人约定，将其承担的保险业务，部分向其他保险人逐保单办理再保险，再保险接受人需逐保单约定分保条件并承担再保险责任的经营行为。

本规定所称比例再保险，是指以保险金额为基础确定再保险分出人自留额和再保险接受人分保额的再保险方式。

本规定所称非比例再保险，是指以赔款金额为基础确定再保险分出人自负责任和再保险接受人分保责任的再保险方式。

**第三条**　本规定所称再保险分出人，是指将其承担的保险业务，部分转移给其他保险人的保险人；本规定所称再保险接受人，是指承接其他保险人转移的保险业务的保险人。

本规定所称分出业务，是指再保险分出人转移出的保险业务；本规定所称分入业务，是指再保险接受人接受分入的保险业务。

本规定所称直接保险公司，也称原保险公司，是相对再保险人而言，是指直接与投保人订立保险合同的保险人。

本规定所称保险联合体，是指为了处理单个保险人无法承担的特殊风险或者巨额保险业务，或者按照国际惯例，由两个或两个以上保险人联合组成、按照其章程约定共同经营保险业务的组织。

本规定所称保险经纪人，是指接受再保险分出人委托，基于再保险分出人利益，为再保险分出人与再保险接受人办理再保险业务提供中介服务，并按约定收取佣金的保险经纪机构。

**第四条**　在中华人民共和国境内（不含港澳台）设立的保险人、保险联合体以及保险经纪人或其他保险机构办理再保险业务，应当遵守本规定。

**第五条** 保险人、保险联合体和保险经纪人办理再保险业务，应当遵循审慎和最大诚信原则。

**第六条** 再保险分出人、再保险接受人和保险经纪人，对在办理再保险业务中知悉的商业秘密或其他应当保密的信息，负有保密义务。

**第七条** 中国银行保险监督管理委员会(以下简称银保监会)鼓励保险人、保险联合体和保险经纪人积极为农业保险，地震、台风、洪水、突发公共卫生事件等巨灾保险和国家重点项目提供保险及再保险服务。

**第八条** 银保监会依法对再保险业务实施监督和管理。

## 第二章 业务经营

**第九条** 保险人应当制定再保险战略，明确再保险在公司风险和资本管理战略中的作用。再保险战略应包括再保险安排的目的、自留政策、分保政策、风险管控机制等内容。

再保险战略的制定、实施、评估和调整由公司高级管理层负责，董事会或其授权的专业委员会应对再保险战略的制定和调整进行审批，并对实施情况进行监督。

外国再保险公司分公司，其再保险战略的制定、实施、评估和调整应经其分公司高级管理层同意。

**第十条** 保险集团应当统筹制定集团的再保险战略，明确再保险战略与集团风险管理和资本管理战略的关系。集团再保险战略应包括集团的风险累积和净自留管理、信用风险管控、集团内保险公司的再保险授权管理、集团内分保战略等内容。

保险集团再保险战略的制定、实施、评估和调整由集团高级管理层负责，董事会或其授权的专业委员会应对再保险战略的制定和调整进行审批，并对实施情况进行监督。

**第十一条** 再保险业务分为寿险再保险和非寿险再保险。保险人对寿险再保险和非寿险再保险应当单独列账、分别核算。

**第十二条** 保险人应当依照《保险法》规定,确定当年总自留保险费和每一危险单位自留责任;超过的部分,应当办理再保险。

保险人对危险单位的划分应当符合银保监会的相关规定。

**第十三条** 保险人应当根据实际情况,科学、合理安排巨灾再保险。

**第十四条** 保险人应当按照银保监会的规定办理再保险,并审慎选择再保险接受人和保险经纪人,选择再保险接受人和保险经纪人应当符合银保监会的有关规定。

**第十五条** 再保险分出人应当及时将影响再保险定价和分保条件的重要信息向再保险接受人书面告知;再保险合同成立后,再保险分出人应当及时向再保险接受人提供重大赔案信息、赔款准备金等对再保险接受人的偿付能力计算、准备金计提及预期赔付有重大影响的信息。

**第十六条** 再保险分出人和再保险接受人应加强再保险合同管理,及时完成再保险合同文本或再保险合同简要文本的签订。

**第十七条** 再保险分出人应按约定及时支付再保险保费,再保险接受人应按约定及时支付赔款。

**第十八条** 保险人应当建立再保险业务档案管理制度,妥善保管再保险业务合同文本、账单、赔案资料及相关往来文件资料,及时进行电子化处理并存储到相关电子档案管理系统。

**第十九条** 保险人应建立再保险业务集中度管理制度,对分出业务集中于同一家再保险接受人和与其关联的再保险接受人的情况进行监测和管控,防范信用风险。

除航空航天保险、核保险、石油保险、信用保险外,直接保险公司以比例再保险方式分出财产险直接保险业务时,每一危险单位分给同一家再保险接受人的总比例,不得超过再保险分出人承保直接保险合同保险金额或者责任限额的80%。

**第二十条**　保险人应当正确识别自身临时分保需求,建立科学合理的临时分保管理制度。保险人承保的业务超过其承保能力和风险承担能力的,应当在承保前完成临时分保安排。

**第二十一条**　保险人开展境外分出业务的,应当建立境外分出业务监测制度,每半年对分保至境外的再保险业务的信用风险和流动性风险进行分析,及时提出应对措施,保证再保险交易安全。分析报告应当经公司总经理审核确认,妥善保管。

**第二十二条**　保险人应当建立再保险业务流动性风险管理制度,加强对再保险应收款项的管理,制定重大赔付案件流动性风险处置预案,确保发生重大赔付时及早识别和应对潜在的流动性风险。

**第二十三条**　保险人在与关联企业进行再保险交易时,应当遵循市场化原则确定再保险价格与条件,不得利用再保险转移利润,逃避税收。保险人应当按有关规定披露再保险关联交易信息。

**第二十四条**　保险人和保险经纪人可以利用金融工具开发设计新型风险转移产品。保险人应当按照有关规定向银保监会报告。

**第二十五条**　中国境内的专业再保险接受人,应当配备在中国境内有住所的专职再保险核保人和再保险核赔人。

**第二十六条**　直接保险公司开展再保险分入业务的,应当满足以下条件:

(一)由总公司统一办理,除银保监会另有规定外,分支机构不得办理再保险分入业务;

(二)设立独立的再保险部门,配备必要的专业人员,上一年分保费收入超过1亿元的,应配置不少于3名独立于直接保险业务的专职人员,上一年分保费收入超过3亿元的,前述专职人员不得少于5名;

(三)建立完整的分入业务管理制度和独立的分入业务信息系统模块,并与财务系统自动对接,实现分入业务与直保业务的独立管理；

（四）制定合理、详细的年度分入业务发展计划。

## 第三章 再保险经纪业务

**第二十七条** 保险经纪人从事再保险经纪业务，应恪尽职责，不得损害保险人的信誉和合法权益。

**第二十八条** 保险经纪人可以根据业务需要引进或者设计再保险合同。

**第二十九条** 保险经纪人应当按照再保险合同的约定，及时送达账单、结算再保险款项以及履行其他义务，不得挪用或者截留再保险费、摊回赔款、摊回手续费以及摊回费用。

**第三十条** 保险经纪人应当将再保险接受人的有关信息及时、准确地书面告知再保险分出人。

应再保险接受人的要求，保险经纪人应当按照与再保险分出人的约定，将其知道的再保险分出人的自留责任以及直接保险的有关情况，及时、准确地书面告知再保险接受人。

**第三十一条** 应再保险分出人或者再保险接受人的要求，保险经纪人应当按照合同约定配合进行赔案的理赔工作。

## 第四章 监督管理

**第三十二条** 保险人办理再保险业务，应当按照精算的原理、方法，评估各项准备金，并按照银保监会有关规定准确、足额提取和结转各项准备金。

对于同一笔寿险业务，在有关精算规定责任准备金下，再保险接受人与再保险分出人在评估准备金时，应采用一致的评估方法与假设。

**第三十三条** 保险人偿付能力报告中涉及再保险业务的内

容，应当符合银保监会发布的保险公司偿付能力监管规则的要求。

**第三十四条** 外国再保险公司分公司的偿付能力应当符合银保监会发布的保险公司偿付能力监管规则等有关制度的要求。外国再保险公司分公司自留保费以其总公司直接授权的额度为限。

**第三十五条** 保险人应当严格按照本规定对合约分保和临时分保业务进行分类和经营，不得以临时分保名义变相经营合约分保业务。

预约分保等非逐保单约定分保条件的再保险业务属于合约分保业务，应当按合约分保的要求进行管理。

**第三十六条** 保险公司应按规定向银保监会或其派出机构提交下列材料：

（一）于每年4月30日前，提交上一会计年度再保险经营管理情况：

1. 再保险业务经营情况。

包括分保费收入、分出保费、手续费以及摊回、赔款以及摊回等情况。

直接保险公司还应报送重大保险赔案及其再保险安排、摊回赔款等情况。重大保险赔案是指在一次保险事故中，财产损失赔偿在5000万元以上，或者人身伤亡赔付在3000万元以上的理赔案件。

2. 经总精算师签署的、有关再保险业务的各类准备金提取办法和金额。

3. 除航空航天保险、核保险、石油保险、信用保险外，财产保险公司以比例再保险方式将每一危险单位分给同一家再保险接受人的业务，超过再保险分出人承保直接保险合同部分的保险金额或者责任限额50%的交易情况，以及管理该业务信用风险的相关措施。

4. 巨灾风险安排情况，包括巨灾风险累积、巨灾风险自留额及其确定方式、巨灾风险的再保险分出安排等情况。

5. 再保险保费、赔款的应收、应付情况，包括余额、账龄结构、原因分析等，特别是应收应付账龄超过 180 天的情况。

（二）于每年 6 月 30 日前，提交本会计年度再保险安排有关情况：

1. 财产保险公司的危险单位划分方法及每一危险单位的最大净自留额。

2. 直接保险公司的再保险安排情况，主要包括再保合约的增减、合约分保首席接受人或最大份额接受人的变化等情况。

3. 外国再保险公司分公司的总公司注册地保险监管机构根据当地法律出具的有关其总公司偿付能力状况的意见书或者经营状况意见书，以及总公司对其授权的承保权限和自留保费额度。

**第三十七条** 保险联合体应当在每年 4 月 30 日以前，向银保监会报告上一年度的财务报告、业务分析报告以及与境外再保险交易情况。

## 第五章 法律责任

**第三十八条** 保险公司、保险经纪人违反本规定办理再保险业务的，由银保监会及其派出机构责令改正，处以五万元以上三十万元以下罚款；情节严重的，可以限制业务范围、责令停止接受新业务或者吊销业务许可证。

对违反本规定办理再保险业务的行为负有直接责任的主管人员和其他直接责任人员给予警告，并处一万元以上十万元以下的罚款；情节严重的，撤销任职资格。

**第三十九条** 办理再保险业务违反法律、行政法规的规定，情节严重的，银保监会可以禁止有关责任人员一定期限直至终身进入保险业。

## 第六章　附　　则

**第四十条**　政策性保险公司办理再保险业务参照适用本规定。不能适用本规定的，政策性保险公司应当在3个月内向银保监会报告有关情况。

**第四十一条**　鼓励保险公司利用金融基础设施提供的数字化服务，推动再保险业务向线上化、智能化转型发展，提高经营水平和服务质效。

**第四十二条**　本规定由银保监会负责解释。

**第四十三条**　本规定自2021年12月1日起施行。《再保险业务管理规定》（中国保险监督管理委员会令2010年第8号）同时废止。

# 市场监督管理严重违法失信名单管理办法

（2021年7月30日国家市场监督管理总局令第44号公布　自2021年9月1日起施行　国司备字［2021004492］）

**第一条**　为了规范市场监督管理部门严重违法失信名单管理，强化信用监管，扩大社会监督，促进诚信自律，依照有关法律、行政法规，制定本办法。

**第二条**　当事人违反法律、行政法规，性质恶劣、情节严重、社会危害较大，受到市场监督管理部门较重行政处罚的，由市场监督管理部门依照本办法规定列入严重违法失信名单，通过国家企业信用信息公示系统公示，并实施相应管理措施。

前款所称较重行政处罚包括：

（一）依照行政处罚裁量基准，按照从重处罚原则处以罚款；

（二）降低资质等级，吊销许可证件、营业执照；

（三）限制开展生产经营活动、责令停产停业、责令关闭、限制从业；

（四）法律、行政法规和部门规章规定的其他较重行政处罚。

**第三条** 国家市场监督管理总局负责组织、指导全国的严重违法失信名单管理工作。

县级以上地方市场监督管理部门依照本办法规定负责严重违法失信名单管理工作。

**第四条** 市场监督管理部门应当按照规定将严重违法失信名单信息与其他有关部门共享，依照法律、行政法规和党中央、国务院政策文件实施联合惩戒。

**第五条** 实施下列食品安全领域违法行为，且属于本办法第二条规定情形的，列入严重违法失信名单（食品安全严重违法生产经营者黑名单）：

（一）未依法取得食品生产经营许可从事食品生产经营活动；

（二）用非食品原料生产食品；在食品中添加食品添加剂以外的化学物质和其他可能危害人体健康的物质；生产经营营养成分不符合食品安全标准的专供婴幼儿和其他特定人群的主辅食品；生产经营添加药品的食品；生产经营病死、毒死或者死因不明的禽、畜、兽、水产动物肉类及其制品；生产经营未按规定进行检疫或者检疫不合格的肉类；生产经营国家为防病等特殊需要明令禁止生产经营的食品；

（三）生产经营致病性微生物，农药残留、兽药残留、生物毒素、重金属等污染物质以及其他危害人体健康的物质含量超过食品安全标准限量的食品、食品添加剂；生产经营用超过保质期的食品原料、食品添加剂生产的食品、食品添加剂；生产经营未按规定注册的保健食品、特殊医学用途配方食品、婴幼儿配方乳粉，或者未按注册的产品配方、生产工艺等技术要求组织生产；生产经营的食品标签、说明书含有虚假内容，涉及疾病预防、治疗功能，或者生产经营保健食品之外的食品的标签、说明书声称具有保健功能；

（四）其他违反食品安全法律、行政法规规定，严重危害人民群众身体健康和生命安全的违法行为。

**第六条** 实施下列药品、医疗器械、化妆品领域违法行为，且属于本办法第二条规定情形的，列入严重违法失信名单：

（一）生产销售假药、劣药；违法生产、销售国家有特殊管理要求的药品（含疫苗）；生产、进口、销售未取得药品批准证明文件的药品（含疫苗）；

（二）生产、销售未经注册的第二、三类医疗器械；

（三）生产、销售非法添加可能危害人体健康物质的化妆品；

（四）其他违反药品、医疗器械、化妆品法律、行政法规规定，严重危害人民群众身体健康和生命安全的违法行为。

**第七条** 实施下列质量安全领域违法行为，且属于本办法第二条规定情形的，列入严重违法失信名单：

（一）生产、销售、出租、使用未取得生产许可、国家明令淘汰、已经报废、未经检验或者检验不合格的特种设备；对不符合安全技术规范要求的移动式压力容器和气瓶进行充装；

（二）生产销售不符合保障身体健康和生命安全的国家标准的产品，在产品中掺杂、掺假，以假充真、以次充好，或者以不合格产品冒充合格产品，生产销售国家明令淘汰的产品；

（三）产品质量监督抽查不合格，受到省级以上人民政府市场监督管理部门公告，经公告后复查仍不合格；

（四）出具虚假或者严重失实的检验、检测、认证、认可结论，严重危害质量安全；

（五）伪造、冒用、买卖认证标志或者认证证书；未经认证擅自出厂、销售、进口或者在其他经营性活动中使用被列入强制性产品认证目录内的产品；

（六）其他违反质量安全领域法律、行政法规规定，严重危害人民群众身体健康和生命安全的违法行为。

**第八条** 实施下列侵害消费者权益的违法行为，且属于本办

法第二条规定情形的,列入严重违法失信名单:

(一)侵害消费者人格尊严、个人信息依法得到保护等权利;

(二)预收费用后为逃避或者拒绝履行义务,关门停业或者迁移服务场所,未按照约定提供商品或者服务,且被市场监督管理部门确认为无法取得联系;

(三)制造、销售、使用以欺骗消费者为目的的计量器具;抄袭、串通、篡改计量比对数据,伪造数据、出具虚假计量校准证书或者报告,侵害消费者权益;

(四)经责令召回仍拒绝或者拖延实施缺陷产品召回;

(五)其他违反法律、行政法规规定,严重侵害消费者权益的违法行为。

**第九条** 实施下列破坏公平竞争秩序和扰乱市场秩序的违法行为,且属于本办法第二条规定情形的,列入严重违法失信名单:

(一)侵犯商业秘密、商业诋毁、组织虚假交易等严重破坏公平竞争秩序的不正当竞争行为;

(二)故意侵犯知识产权;提交非正常专利申请、恶意商标注册申请损害社会公共利益;从事严重违法专利、商标代理行为;

(三)价格串通、低价倾销、哄抬价格;对关系国计民生的商品或者服务不执行政府定价、政府指导价,不执行为应对突发事件采取的价格干预措施、紧急措施;

(四)组织、策划传销或者为传销提供便利条件;

(五)发布关系消费者生命健康的商品或者服务的虚假广告;

(六)其他违反法律、行政法规规定,严重破坏公平竞争秩序和扰乱市场秩序的违法行为。

**第十条** 实施下列违法行为,且属于本办法第二条规定情形的,列入严重违法失信名单:

(一)未依法取得其他许可从事经营活动;

(二)提交虚假材料或者采取其他手段隐瞒重要事实,取得行政许可,取得、变更或者注销市场主体登记,或者涂改、倒卖、出租、出售许可证件、营业执照；

（三）拒绝、阻碍、干扰市场监督管理部门依法开展监督检查和事故调查。

**第十一条** 当事人在市场监督管理部门作出行政处罚、行政裁决等行政决定后，有履行能力但拒不履行、逃避执行等，严重影响市场监督管理部门公信力的，列入严重违法失信名单。

法律、行政法规和党中央、国务院政策文件对市场主体相关责任人员列入严重违法失信名单有规定的，依照其规定。

**第十二条** 市场监督管理部门判断违法行为是否属于性质恶劣、情节严重、社会危害较大的情形，应当综合考虑主观恶意、违法频次、持续时间、处罚类型、罚没款数额、产品货值金额、对人民群众生命健康的危害、财产损失和社会影响等因素。

当事人有证据足以证明没有主观故意的，不列入严重违法失信名单。

**第十三条** 市场监督管理部门在作出行政处罚决定时应当对是否列入严重违法失信名单作出决定。列入决定书应当载明事由、依据、惩戒措施提示、移出条件和程序以及救济措施等。在作出列入决定前，应当告知当事人作出决定的事由、依据和当事人依法享有的权利。告知、听证、送达、异议处理等程序应当与行政处罚程序一并实施。

依照前款规定作出列入严重违法失信名单决定的，严重违法失信名单管理工作由作出行政处罚的市场监督管理部门负责。

因本办法第十一条规定的情形列入严重违法失信名单的，可以单独作出列入决定。告知、听证、送达、异议处理等程序应当参照行政处罚程序实施。

**第十四条** 作出列入决定的市场监督管理部门和当事人登记地（住所地）在同一省、自治区、直辖市的，作出列入决定的市场监督管理部门应当自作出决定之日起二十个工作日内将相关信息通过国家企业信用信息公示系统进行公示。

作出列入决定的市场监督管理部门和当事人登记地(住所地)不在同一省、自治区、直辖市的,作出列入决定的市场监督管理部门应当自作出决定之日起十个工作日内将列入严重违法失信名单信息推送至当事人登记地(住所地)市场监督管理部门,由其协助在收到信息之日起十个工作日内通过国家企业信用信息公示系统进行公示。

**第十五条** 市场监督管理部门对被列入严重违法失信名单的当事人实施下列管理措施:

(一)依据法律、行政法规和党中央、国务院政策文件,在审查行政许可、资质、资格、委托承担政府采购项目、工程招投标时作为重要考量因素;

(二)列为重点监管对象,提高检查频次,依法严格监管;

(三)不适用告知承诺制;

(四)不予授予市场监督管理部门荣誉称号等表彰奖励;

(五)法律、行政法规和党中央、国务院政策文件规定的其他管理措施。

**第十六条** 当事人被列入严重违法失信名单满一年,且符合下列条件的,可以依照本办法规定向市场监督管理部门申请提前移出:

(一)已经自觉履行行政处罚决定中规定的义务;

(二)已经主动消除危害后果和不良影响;

(三)未再受到市场监督管理部门较重行政处罚。

依照法律、行政法规规定,实施相应管理措施期限尚未届满的,不得申请提前移出。

**第十七条** 当事人申请提前移出的,应当提交申请书,守信承诺书,履行本办法第十六条第一款第一项、第二项规定义务的相关材料,说明事实、理由。

市场监督管理部门应当自收到申请之日起二个工作日内作出是否受理的决定。申请材料齐全、符合法定形式的,应当予以受理。

市场监督管理部门应当自受理之日起十五个工作日内对申请进行核实,并决定是否予以移出。

**第十八条** 市场监督管理部门决定移出的,应当于三个工作日内停止公示相关信息,并解除相关管理措施。

**第十九条** 列入严重违法失信名单所依据的行政处罚被撤销、确认违法或者无效的,市场监督管理部门应当撤销对当事人的列入决定,于三个工作日内停止公示相关信息,并解除相关管理措施。

**第二十条** 申请移出的当事人故意隐瞒真实情况、提供虚假资料,情节严重的,由市场监督管理部门撤销移出决定,恢复列入状态。公示期重新计算。

**第二十一条** 当事人被列入严重违法失信名单之日起满三年的,由列入严重违法失信名单的市场监督管理部门移出,停止公示相关信息,并解除相关管理措施。依照法律法规实施限制开展生产经营活动、限制从业等措施超过三年的,按照实际限制期限执行。

**第二十二条** 县级、设区的市级市场监督管理部门作出列入严重违法失信名单决定的,应当报经上一级市场监督管理部门同意。

**第二十三条** 当事人对被列入、移出严重违法失信名单的决定不服的,可以依法申请行政复议或者提起行政诉讼。

**第二十四条** 市场监督管理部门对收到的人民法院生效法律文书,根据法律、行政法规和党中央、国务院政策文件需要实施严重违法失信名单管理的,参照本办法执行。

**第二十五条** 药品监督管理部门、知识产权管理部门严重违法失信名单管理适用本办法。

**第二十六条** 本办法自 2021 年 9 月 1 日起施行。2015 年 12 月 30 日原国家工商行政管理总局令第 83 号公布的《严重违法失信企业名单管理暂行办法》同时废止。

# 市场监督管理行政处罚信息公示规定

（2021 年 7 月 30 日国家市场监督管理总局令第 45 号公布　自 2021 年 9 月 1 日起施行　国司备字[2021004493]）

**第一条**　为了加快构建以信用为基础的新型市场监管机制，强化市场主体信用监管，促进社会共治，维护公平竞争的市场秩序，根据相关法律、行政法规以及国务院有关规定，制定本规定。

**第二条**　市场监督管理部门对适用普通程序作出行政处罚决定的相关信息，应当记录于国家企业信用信息公示系统，并向社会公示。

仅受到警告行政处罚的不予公示。法律、行政法规另有规定的除外。

依法登记的市场主体的行政处罚公示信息应当记于市场主体名下。

**第三条**　市场监督管理部门公示行政处罚信息，应当遵循合法、客观、及时、规范的原则。

**第四条**　依照本规定第二条公示的行政处罚信息主要包括行政处罚决定书和行政处罚信息摘要。

市场监督管理部门应当严格依照国家市场监督管理总局的有关规定制作行政处罚决定书，并制作行政处罚信息摘要附于行政处罚决定书之前。

行政处罚信息摘要的内容包括：行政处罚决定书文号、行政处罚当事人基本情况、违法行为类型、行政处罚内容、作出行政处罚决定的行政机关名称和日期。

**第五条**　市场监督管理部门应当依照《中华人民共和国保守国家秘密法》以及其他法律法规的有关规定，建立健全行政处罚信息保密审查机制。公示的行政处罚信息不得泄露国家秘密，不得危及国家安全、公共安全、经济安全和社会稳定。

**第六条** 市场监督管理部门公示行政处罚信息，应当遵守法律法规关于商业秘密和个人信息保护的有关规定，对信息进行必要的处理。

**第七条** 市场监督管理部门公示的行政处罚决定书，除依照本规定第六条的要求进行处理的以外，内容应当与送达行政处罚当事人的行政处罚决定书一致。

**第八条** 对于应当公示的行政处罚决定，在送达行政处罚决定书时，市场监督管理部门应当书面告知行政处罚当事人行政处罚信息将向社会进行公示。

**第九条** 作出行政处罚决定的市场监督管理部门和行政处罚当事人登记地（住所地）在同一省、自治区、直辖市的，作出行政处罚决定的市场监督管理部门应当自作出行政处罚决定之日起二十个工作日内将行政处罚信息通过国家企业信用信息公示系统进行公示。

**第十条** 作出行政处罚决定的市场监督管理部门和行政处罚当事人登记地（住所地）不在同一省、自治区、直辖市的，作出行政处罚决定的市场监督管理部门应当自作出行政处罚决定之日起十个工作日内通过本省、自治区、直辖市市场监督管理部门将行政处罚信息推送至当事人登记地（住所地）市场监督管理部门，由其协助在收到行政处罚信息之日起十个工作日内将行政处罚信息通过国家企业信用信息公示系统进行公示。

**第十一条** 行政处罚决定被依法变更、撤销、确认违法或者确认无效的，市场监督管理部门应当在三个工作日内撤回行政处罚公示信息并说明理由。

**第十二条** 市场监督管理部门发现其公示的行政处罚信息不准确的，应当及时更正。公民、法人或者其他组织有证据证明市场监督管理部门公示的行政处罚信息不准确的，有权要求该市场监督管理部门予以更正。

**第十三条** 仅受到通报批评或者较低数额罚款的行政处罚信息自公示之日起届满三个月的，停止公示。其他行政处罚信息自公示之日起届满三年的，停止公示。

前款所称较低数额罚款由省级以上市场监督管理部门结合工作实际规定。

依照法律法规被限制开展生产经营活动、限制从业超过三年的，公示期按照实际限制期限执行。

**第十四条** 行政处罚信息公示达到规定时限要求，且同时符合以下条件的，可以向作出行政处罚决定的市场监督管理部门申请提前停止公示：

（一）已经自觉履行行政处罚决定中规定的义务；

（二）已经主动消除危害后果和不良影响；

（三）未因同一类违法行为再次受到市场监督管理部门行政处罚；

（四）未在经营异常名录和严重违法失信名单中。

前款所称时限要求和提前停止公示的具体实施办法由国家市场监督管理总局另行规定。

当事人受到责令停产停业、限制开展生产经营活动、限制从业、降低资质等级、吊销许可证件、吊销营业执照以及国家市场监督管理总局规定的其他较为严重行政处罚的，不得提前停止公示。

**第十五条** 各省、自治区、直辖市市场监督管理部门应当按照本规定及时完善国家企业信用信息公示系统，提供操作便捷的检索、查阅方式，方便公众检索、查阅行政处罚信息。

**第十六条** 市场监督管理部门应当严格履行行政处罚信息公示职责，按照“谁办案、谁录入、谁负责”的原则建立健全行政处罚信息公示内部审核和管理制度。办案机构应当及时准确录入行政处罚信息。负责企业信用信息公示工作的机构应当加强行政处罚信息公示的日常管理。

**第十七条** 国家市场监督管理总局负责指导和监督地方市场

监督管理部门行政处罚信息公示工作，制定国家企业信用信息公示系统公示行政处罚信息的有关标准规范和技术要求。

各省、自治区、直辖市市场监督管理部门负责组织、指导、监督辖区内各级市场监督管理部门行政处罚信息公示工作，并可以根据本规定结合工作实际制定实施细则。

**第十八条** 国务院药品监督管理部门和省级药品监督管理部门实施行政处罚信息公示，适用本规定。

**第十九条** 本规定自2021年9月1日起施行。2014年8月19日原国家工商行政管理总局令第71号公布的《工商行政管理行政处罚信息公示暂行规定》同时废止。

# 城镇供水定价成本监审办法

（2021年8月3日国家发展和改革委员会、住房和城乡建设部令第45号公布　自2021年10月1日起施行　国司备字[2021004489]）

## 第一章　总　　则

**第一条** 为提高城镇供水定价的科学性、合理性，加强供水成本监管，规范供水定价成本监审行为，根据《中华人民共和国价格法》《城市供水条例》《政府制定价格成本监审办法》等有关法律法规规定，制定本办法。

**第二条** 本办法适用于中华人民共和国境内组织实施城镇供水价格制定或者调整过程中的成本监审行为。

**第三条** 本办法所称城镇供水是指城镇公共供水企业（以下称供水企业）通过一定的工程设施，将地表水、地下水进行必要的净化、消毒处理、输送，使水质水压符合国家规定的标准后供给用户使用的水。

**第四条** 城镇供水定价成本监审工作由政府价格主管部门负责组织实施。城镇供水行政主管部门应当配合价格主管部门做好成本监审工作。

**第五条** 城镇供水定价成本监审应当遵循以下原则：

（一）合法性原则。计入定价成本的各项费用，应当符合《中华人民共和国会计法》等有关法律、法规和财务会计制度、价格监管制度的规定。

（二）相关性原则。计入定价成本的各项费用，应当与城镇供水生产经营活动相关。

（三）合理性原则。计入定价成本的各项费用，应当反映城镇供水生产经营活动正常需要。影响定价成本水平的主要技术、经济指标，应当符合国家标准、地方标准；没有国家及地方标准的，应当符合社会公允水平。

**第六条** 城镇供水企业应当建立健全成本核算制度，完整准确记录与核算生产经营成本和收入。

**第七条** 核定城镇供水定价成本，应当以经会计师事务所或审计、税务等部门审计（审核）的年度财务会计报告、手续齐备的会计凭证、账簿，以及供水企业提供的真实、完整、有效的其他成本相关资料为基础。

## 第二章 定价成本构成

**第八条** 城镇供水定价成本包括固定资产折旧费、无形资产摊销和运行维护费。

**第九条** 固定资产折旧费，是指与供水业务相关的固定资产按照本办法规定的折旧方法和年限计提的费用。

**第十条** 无形资产摊销，是指与供水业务相关的软件、土地使用权等无形资产原值在有效期内的摊销。

**第十一条** 运行维护费，是指供水企业维持供水正常运行的费用，包括原水费、外购成品水费、动力费、材料费、修理费、人工费、其他运营费用。

（一）原水费是指供水企业为保障本区域供水服务购入原水的费用（含原水预处理费用）。

（二）外购成品水费是指供水企业为保障本区域供水服务外购成品水的费用。

（三）动力费是指供水企业直接用于原水汲取、输送、制水生产及输配净水（含二次加压调蓄）所需动力的费用。

（四）材料费是指供水企业提供供水服务所耗用的消耗性材料等费用，包括用于制水过程中的各种药剂和净化材料消耗、机物料消耗。

（五）修理费是指供水企业因自行组织大修、抢修、日常检修、事故应急发生的材料消耗、事故备品备件和委托外部社会单位检修需要企业自行购买的材料费用，以及为维持供水正常运行所进行的外包修理活动发生的检修费用，不包括企业自行组织检修发生的人工费用。

（六）人工费是指供水企业为获得职工所提供服务而给予的各种形式报酬以及相关支出。包括工资总额（含工资、奖金、津贴和补贴）、职工福利费、社会保险费、住房公积金、工会经费、职工教育经费、解除与职工劳动关系给予的补偿，以及劳务派遣、临时用工支出。

（七）其他运营费用是指供水企业提供正常供水服务发生的除以上成本因素外的费用。主要包括：

1. 生产经营类费用。包括水质检测和监测费、代收手续费、计量器具检定与更换费等。

2. 管理类费用。包括办公费、会议费、水电费、租赁费、物业管理费、差旅费等。

3. 纳入定价成本的相关税金。包括车船使用税、房产税、土地使用税、印花税。

4.其他费用。包括低值易耗品摊销、管理信息系统维护费等其他支出。

**第十二条** 下列费用不得计入城镇供水定价成本:

(一)不符合《中华人民共和国会计法》等有关法律、行政法规,财务制度和国家统一的会计制度,以及价格监管制度等规定的费用。

(二)与城镇供水生产经营活动无关的费用以及虽与供水生产经营活动有关,但有专项资金来源予以补偿的费用。

(三)固定资产盘亏、毁损、出售和报废的净损失。

(四)各类捐赠、赞助、滞纳金、违约金、罚款、计提准备金和公益广告、公益宣传、各类广告费用。

(五)向上级公司或者管理部门上交的利润性质的管理费用、代上级公司或者管理部门缴纳的各项费用、向出资人支付的利润分成以及对附属单位的补助支出等。

(六)对外投资等支出。

(七)其他不得计入供水定价成本的费用。

## 第三章 定价成本和有效资产核定

**第十三条** 固定资产折旧费。计入定价成本的固定资产折旧费按照可计提折旧的固定资产原值、规定的固定资产分类折旧年限,采用年限平均法核定。

(一)固定资产原值原则上按照历史成本核定。按规定进行过清产核资的,按财政或国有资产监督管理部门认定的各类固定资产价值核定;未投入实际使用的、由政府补助或社会无偿投入的,以及评估增值的部分不计提折旧。已投入使用但未经财政、国有资产管理部门认定,或未竣工决算的固定资产,可由当地价格主管部门按照有关规定合理确定。

(二)固定资产折旧采用年限平均法,按照核定的固定资产原值分类确定。折旧年限根据固定资产的性质和实际使用情况确定(详见附表),固定资产残值率原则上按3%~5%计算,不能回收的管道残值率可按零核定,已计提完折旧仍在使用的固定资产不再计提折旧费用。

**第十四条** 无形资产摊销。从开始使用之日起、在有效使用期限内平摊计入定价成本。其中,土地使用权费用如果已计入地面建筑物价值且无法分离的,随建筑物提取折旧;其他情况下,均按土地使用权年限分摊。其他无形资产,有明确受益期限的按受益年限分摊,未明确受益年限的按不低于10年摊销。评估增值部分不计入无形资产原值。

**第十五条** 原水费、外购成品水费。原水费及外购成品水费原则上按照监审期间最后一年实际发生费用计入定价成本。必要时,可以对提供成品水的独立制水公司进行成本调查。

**第十六条** 动力费、材料费、修理费。按剔除不合理因素后的供水企业监审期间年平均费用核定计入定价成本。但修理费最高原则上不得超过与供水业务相关的固定资产原值的2%;超过上限标准的,供水企业应当证明其合理性,具体数额经评估论证后确定。特殊情况下,因不可抗力等因素造成的一次性费用过高的可以分期分摊。

**第十七条** 人工费。

(一)职工工资总额按照核定的职工人数和平均工资确定。

1. 职工人数。各地区一般可以15人/万立方米(日生产能力)为定员参考上限,结合实际制定当地城镇供水行业职工人数定员上限标准。供水企业监审期间最后一年实有在岗职工人数低于定员标准上限的,按照定员标准上限和实有在岗职工人数的算术平均值核定;实有在岗职工人数超过定员标准上限的,按照定员标准上限核定。

2. 职工工资。职工平均工资原则上按照监审期间最后一年在岗职工实际平均水平确定,但最高不超过统计部门公布的当地监审期间最后一年公用事业行业(电力、热力、燃气及水生产和供应业)在岗职工平均工资。

(二)工会经费、职工教育经费、职工福利费、社会保险费(包含补充医疗和补充养老保险)、住房公积金,审核计算基数原则上按监审期间最后一年企业实缴基数确定,但最高不超过核定的工资总额和当地政府规定的基数,计算比例按照不超过国家或当地政府统一规定的比例确定。应当在工会经费、职工教育经费和福利费中列支的费用,不得在其他费用项目中列支。

(三)因解除与职工的劳动关系给予的一次性补偿费用,按照一定年限分摊计入定价成本。

(四)劳务派遣、临时用工性质的用工支出未包含在工资总额内的,在不超过国家有关规定范围内据实核定。

**第十八条** 其他运营费用。

(一)生产经营类费用。水质检测和监测费、代收手续费、计量器具检定与更换费等按剔除不合理因素后的监审期间年平均值核定。

(二)管理类费用。会议费、交通费、差旅费、业务招待费等非生产性费用按剔除不合理因素后的监审期间年平均值核定。业务招待费最高不超过监审期间供水销售年平均收入的0.5%。

(三)纳入定价成本的相关税金。按照国家现行税法规定以监审期间最后一年实际水平核定。

(四)其他费用。低值易耗品等摊销费按照规定的摊销年限,采用直线摊销法核定。

**第十九条** 供水企业获得的政府补助,用于购买固定资产的,按照本办法第十三条规定核定;用于补助专门项目的,直接冲减该项成本;未明确规定专项用途的,应当冲减总成本。

**第二十条** 其他业务成本应当单独核算,不计入供水定价成本。其他业务与供水业务共同使用资产、人员或者统一支付的费用,依托供水业务从事生产经营活动,以及因从事供水业务而获得政府优惠政策等,不能单独核算或者核算不合理的,应当将其他业务收入按一定比例冲减成本。该比例可以采用收入比、直接人员数量比、资产比或者其他合理方法确定。

**第二十一条** 可计提收益的有效资产,是指供水企业投资形成的制水、输配水的工程设施设备以及其他与供水业务相关的资产,包括固定资产净值、无形资产净值和营运资本。

(一)可计提收益的固定资产净值根据监审期间最后一年可计提折旧计入定价成本的固定资产期末数所对应的账面净值核定。以下资产不得纳入可计提收益的固定资产范围:

1. 与供水业务无关的、未投入实际使用的固定资产。

2. 不能提供价值有效证明的固定资产。

3. 用户或地方政府无偿移交,由政府补助或者社会无偿投入等投资形成的资产。

4. 固定资产评估增值部分。

5. 其他不应计提收益的固定资产。

(二)可计提收益的无形资产,主要包括软件、土地使用权等。可计提收益的无形资产净值,根据监审期间最后一年可摊销计入定价成本的无形资产期末数所对应的账面净值核定。

(三)可计提收益的营运资本,指供水企业为提供供水服务,除固定资产、无形资产投资以外的正常运营所需要的周转资金。可计提收益的营运资本,按照不高于成本监审期间运行维护费年平均值的1/6核定。

**第二十二条** 供水量和漏损率。核定供水量=取水量×(1-自用水率)×(1-漏损率)。

取水量包括取用原水量和外购成品水量。原水量指供水企业实际取用的全部原水量;外购成品水量指供水企业实际从外部购入的全部成品水量。

供水企业自用水率原则上据实核定,但应当在上限标准范围之内。各地上限标准应当在水厂设计水量的5%~10%范围内,根据《室外给水设计标准》(GB50013)有关规定,区分原水水质、处理工艺和构筑物类型等因素确定。

漏损率原则上按照《城镇供水管网漏损控制及评定标准》(CJJ92)确定的一级评定标准计算,漏损率高于一级评定标准的,超出部分不得计入成本。

**第二十三条** 本办法未规定具体核算方法或者标准的其他费用项目,低于社会公允水平的,据实核算;明显超出社会公允水平的,按照社会公允水平核算。

## 第四章 经营者义务

**第二十四条** 供水企业应当按照供水价格成本监管要求定期向当地价格主管部门及城镇供水行政主管部门上报供水业务成本和收入等数据。供水企业应当积极配合价格主管部门实施成本监审工作,客观如实反映情况,并提供其所要求的财务报告、会计凭证、账簿、科目汇总表等相关文件资料和电子原始数据。

**第二十五条** 供水企业应当建立健全内部关联方交易管理制度,按照社会公允水平确定关联方交易价格。

**第二十六条** 供水企业应当自收到成本监审书面通知之日起20个工作日内,向价格主管部门或其指定的单位提供定价成本监审所需资料,并对所提供成本资料的真实性、合法性、完整性负责。

**第二十七条** 供水企业应当按照成本监审要求,向监审人员开放查询企业各类材料的权限,及时提供情况,反馈意见。供水企业拒绝提供、未在规定时间内提供、虚假或不完整提供成本监审所需资料的,价格主管部门可以按照从低原则核定定价成本。情节严重的,可以按照上一监审周期单位供水定价成本的50%核定本监审周期供水定价成本,由此产生的定价成本减少不能在后续监审周期内进行弥补,同时将相关单位及其负责人不良信用记录纳入全国信用信息共享平台,实施失信联合惩戒。

## 第五章　附　　则

**第二十八条**　各省、自治区、直辖市人民政府价格主管部门应当会同同级供水行政主管部门根据本办法制定城镇供水定价成本监审具体办法或实施细则。

**第二十九条**　本办法由国家发展和改革委员会会同住房和城乡建设部负责解释。

**第三十条**　本办法自2021年10月1日起施行。《国家发展改革委印发〈关于做好城市供水价格调整成本公开试点工作的指导意见〉和〈城市供水定价成本监审办法（试行）〉的通知》（发改价格〔2010〕2613号）同时废止。

**附表**

**城镇供水企业固定资产分类折旧年限表**

| 序号 | 资产类别/名称 | 折旧年限（年） |
|---|---|---|
| 一 | 输水管道 | 20~30 |
| 二 | 水表 | 6~8 |
| 三 | 机器设备 | 6~15 |
| 四 | 电子设备 | 5~10 |
| 五 | 房屋 | |
| | 生产用房 | 30~40 |
| | 受腐蚀生产用房 | 20~25 |
| | 非生产用房 | ≥50 |
| | 简易房 | 8~10 |
| 六 | 车辆 | 8~10 |
| 七 | 其他固定资产 | 6~8 |

注：1. 电子设备包括电子计算机以及电子计算机控制的数控或程控系统等；
2. 简易房是指简易结构房屋，如门岗用房、存放及遮盖物品用房等；
3. 各省、自治区、直辖市可以参考本表结合当地实际制定城镇供水企业各类固定资产具体折旧年限。

# 城镇供水价格管理办法

（2021年8月3日国家发展和改革委员会、住房城乡建设部令第46号公布　自2021年10月1日起施行　国司备字[2021004488]）

## 第一章　总　　则

**第一条**　为规范城镇供水价格管理，保障供水、用水双方的合法权益，促进城镇供水事业发展，节约和保护水资源，根据《中华人民共和国价格法》《城市供水条例》《政府制定价格行为规则》等法律法规规定，制定本办法。

**第二条**　本办法适用于中华人民共和国境内制定或者调整城镇供水价格行为。

**第三条**　城镇供水价格是指城镇公共供水企业（以下称供水企业）通过一定的工程设施，将地表水、地下水进行必要的净化、消毒处理、输送，使水质水压符合国家规定的标准后供给用户使用的水价格。

**第四条**　县级以上人民政府价格主管部门是城镇供水价格的主管部门。县级以上城镇供水行政主管部门按职责分工，协助政府价格主管部门做好城镇供水价格管理工作。

**第五条**　城镇供水价格原则上实行政府定价，具体定价权限按地方定价目录的规定执行。

## 第二章　水价制定和调整

**第六条**　制定城镇供水价格应当遵循覆盖成本、合理收益、节约用水、公平负担的原则。

**第七条**　制定城镇供水价格，以成本监审为基础，按照“准许成本加合理收益”的方法，先核定供水企业供水业务的准许收入，再以准许收入为基础分类核定用户用水价格。

供水企业供水业务的准许收入由准许成本、准许收益和税金构成。

**第八条** 供水企业准许成本包括固定资产折旧费、无形资产摊销和运行维护费，相关费用通过成本监审确定。

**第九条** 准许收益按照有效资产乘以准许收益率计算确定。其中：

（一）有效资产为供水企业投入、与供水业务相关的可计提收益的资产，包括固定资产净值、无形资产净值和营运资本。可计提收益的有效资产，通过成本监审核定。

（二）准许收益率的计算公式为：准许收益率=权益资本收益率×（1-资产负债率）+债务资本收益率×资产负债率。

其中：权益资本收益率，按照监管周期初始年前一年国家10年期国债平均收益率加不超过4个百分点核定；债务资本收益率，参考监管周期初始年前一年贷款市场报价利率（LPR）确定；资产负债率参照监管周期初始年前3年企业实际资产负债率平均值核定，首次核定价格的，以开展成本监审时的前一年度财务数据核定。

**第十条** 税金。包括所得税、城市维护建设税、教育费附加，依据国家现行相关税法规定核定。

**第十一条** 核定供水企业平均供水价格，应当考虑本期生产能力利用情况，计算公式为：

当实际供水量不低于设计供水量的65%时，

供水企业平均供水价格=准许收入÷核定供水量；

当实际供水量低于设计供水量的65%时，

供水企业平均供水价格=准许收入÷｛核定供水量÷［实际供水量÷（设计供水量×65%）］｝。

平均供水价格、准许收入均不含增值税，含增值税供水价格由各地根据供水企业实际执行税率计算确定；核定供水量=取水量×（1-自用水率）×（1-漏损率）。取水量、自用水率、漏损率通过成本监审确定。

**第十二条** 分用户类别供水价格，应当以供水企业平均供水价格、当地用水结构为基础,按照居民生活用水保本微利、其他用水合理盈利的原则,统筹考虑当地供水事业发展需要、促进节约用水、社会承受能力等因素核定。

**第十三条** 城镇供水价格监管周期原则上为3年,经测算需要调整供水价格的,应及时调整到位,价格调整幅度较大的,可以分步调整到位。建立供水价格与原水价格等上下游联动机制的,监管周期年限可以适当延长。具体价格监管周期年限由定价部门结合当地实际明确。

考虑当地经济社会发展水平和用户承受能力等因素,由于价格调整不到位导致供水企业难以达到准许收入的,当地人民政府应当予以相应补偿。

**第十四条** 鼓励各地激励供水企业提升供水服务质量。核定供水价格应当充分考虑供水服务质量因素,将水质达标、用水保障、投诉处理情况等作为确定供水企业合理收益的重要因素。

## 第三章 水价分类及计价方式

**第十五条** 城镇供水实行分类水价。根据使用性质分为居民生活用水、非居民用水、特种用水三类。

(一)居民生活用水主要指城镇居民住宅家庭的日常生活用水。

(二)非居民用水主要指工业、经营服务用水和行政事业单位用水、市政用水(环卫、绿化)、生态用水、消防用水等。

学校教学和学生生活用水、养老机构和残疾人托养机构等社会福利场所生活用水、宗教场所生活用水、社区组织工作用房和居民公益性服务设施用水等,按照居民生活类用水价格执行。

(三)特种用水主要包括洗车、以自来水为原料的纯净水生产、高尔夫球场用水等。

各类用水具体范围的划分,由省级城镇供水行政主管部门会同同级价格主管部门结合当地实际情况确定。

**第十六条** 居民生活用水实行阶梯价格制度。居民生活用水阶梯水价设置应当不少于三级,级差按不低于1∶1.5∶3的比例安排。其中,第一阶梯水价原则上应当按照补偿成本的水平确定,并应当考虑本期生产能力利用情况。

阶梯水量由各地结合本地实际情况,按照一级满足居民基本生活用水需求、二级体现改善和提高居民生活质量用水需求的原则确定,并根据实施情况实行动态管理。具体可以参考《城镇居民生活用水量标准》(GB/T 50331),因地制宜确定用水量分级标准。

各地应当积极推进城镇供水“一户一表”改造,具备条件的应当安装智能水表,为全面实施居民生活用水阶梯水价及非居民用水超定额累进加价制度创造条件。未实行抄表到户的合表户居民和执行居民生活用水价格的非居民用户,供水价格按照不低于第一阶梯价格确定。

**第十七条** 非居民用水及特种用水实行超定额累进加价制度,原则上水量分档不少于三档,二档水价加价标准不低于 0.5 倍,三档水价加价标准不低于 1 倍,具体分档水量和加价标准由各地自行确定。缺水地区要根据实际情况加大加价标准,充分反映水资源稀缺程度。

实行居民生活用水阶梯水价和非居民用水超定额累进加价后增加的收入,应当主要用于管网和户表改造、水质提升、弥补供水成本上涨等。

**第十八条** 各地可以根据当地实际情况实行容量水价和计量水价相结合的两部制水价。容量水价用于补偿供水固定成本,计量水价用于补偿供水的运行维护费用等。

**第十九条** 以旅游业为主或季节性消费特点明显的地区可以实行季节性水价。在枯水期实行较高的价格,丰水期实行较低的价格。

**第二十条** 城镇供水应当装表到户、计量到户、抄表到户、收费到户、服务到户。

**第二十一条** 供水企业暂未抄表到户由转供水单位收取水费的,终端用户具备表计条件的按照政府规定供水价格执行,供水企业应当尽快抄表到户;终端用户不具备表计条件的可以暂按政府规定供水价格向供水企业交纳供水费用并由终端用户公平分摊。公共部位、共用设施等用水应当计量,相应水费应当通过收取的物业费、租金或公共收益等解决,并建立健全费用分摊相关信息公示制度。

## 第四章 相关收费

**第二十二条** 新增建设项目用水必须装表到户。建设项目建筑区划红线内供水管道及设施建设安装费用由建设单位承担,供水管道和用水设备的安装应当坚持建设单位自愿委托的原则。

**第二十三条** 各地应当加快二次加压调蓄供水设施改造,鼓励依法依规移交给供水企业实行专业运行维护。由供水企业负责运行管理的二次加压调蓄供水设施,其运行维护、修理更新成本计入供水价格,不得另行收费。

**第二十四条** 供水工程安装及其他延伸服务(用户产权范围内的供水设施修理、维护、更换等),应当加快引入市场竞争机制。除受用户委托开展的建设安装工程费用外,供水企业不得滥用垄断地位收取供水开户费、接入费、增容费等费用。

**第二十五条** 供水企业或用户自愿委托相关机构对水表进行检定的,按照“谁委托、谁付费”原则,检定费用由委托方支付,但水表经检定不合格的,检定费用由供水企业承担,并免费为用户更换合格的水表。

## 第五章 定调价程序和信息公开

**第二十六条** 供水价格由各省、自治区、直辖市定价目录确定的定价部门制定或者调整。消费者、供水企业、供水行政主管部门及有关方面可以向价格主管部门提出定调价建议。

**第二十七条** 制定居民生活用水价格水平或定价机制应当按照价格听证的有关规定开展听证。

**第二十八条** 价格主管部门制定供水价格,应当开展成本监审,并实行成本公开。

在价格听证前,供水企业应当公开本企业有关经营情况和成本数据,以及社会关注的其它有关水价调整的信息;定价部门应当公开成本监审结论。依据已经生效实施的定价机制制定具体价格水平的,应当在制定价格的决定实施前公开启动定价机制的依据及理由。

县级以上价格主管部门应当建立定期成本监审制度,定期成本监审核定的定价成本,作为制定或者调整供水价格的基础。

**第二十九条** 供水企业应当按照定价部门的规定,每年定期如实提供上一年度生产经营情况和成本数据,并对提供资料的真实性、合法性、完整性负责。

无正当理由拒绝、延迟提供相关资料,或者提供虚假资料的,价格主管部门责令限期改正。故意瞒报、虚报相关信息并获得不当收益的,在下一个监管周期进行追溯。

**第三十条** 定价部门制定或者调整供水价格,应当及时向社会公开制定或者调整价格的决定。

## 第六章 水价执行与监督

**第三十一条** 供水企业应当在营业场所醒目位置和企业门户网站公示各类水价、延伸服务价格、代收费标准,以及文件依据、服务咨询电话、举报投诉电话,并每年定期公布上一年度取水量、供水量、售水量、售水收入、水质检测报告等相关信息。

**第三十二条** 用户应当按照规定的水价和计量标准按时交纳水费。用户逾期不支付水费的,应当按照约定支付违约金。用户承担的水资源税、污水处理费应当在收据中单独列示。

环卫绿化、生态景观、消防等用水应当优先利用再生水,因条件限制需使用城镇供水的,应当按照实际用水量支付水费。

城镇经济困难家庭以及市政等用水,根据相关规定需要减免水费的,当地人民政府应当给予供水企业相应的水费补偿。

**第三十三条** 供水企业的供水水质、水压应当符合《生活饮用水卫生标准》等要求。供水水质、水压不符合国家规定标准的,用户有权向城镇供水行政主管部门投诉,供水企业应当承担相应的法律和经济责任。

**第三十四条** 各级城镇供水行政主管部门应当建立健全城镇

供水水质监管体系，加强水质管理，保证安全可靠供水。

**第三十五条** 各级城镇供水行政主管部门应当加强供水服务行为监督，对擅自停止供水、未按照规定检修供水设施或者供水设施故障报修但未及时予以检修的，依法予以处罚。

## 第七章 附 则

**第三十六条** 各省、自治区、直辖市人民政府价格主管部门应当会同同级城镇供水行政主管部门根据本办法制定城镇供水价格管理实施细则。

**第三十七条** 本办法由国家发展和改革委员会会同住房和城乡建设部负责解释。

**第三十八条** 本办法自 2021 年 10 月 1 日起施行。《国家计委、建设部关于印发〈城市供水价格管理办法〉的通知》（计价格〔1998〕1810 号）和《国家发展改革委、建设部关于修订〈城市供水价格管理办法〉的通知》（发改价格〔2004〕2708 号）同时废止。

# 司法解释

## 最高人民法院　最高人民检察院<br>关于办理窝藏、包庇刑事案件适用法律若干问题的解释

（2020 年 3 月 2 日最高人民法院审判委员会第 1794 次会议、2020 年 12 月 28 日最高人民检察院第十三届检察委员会第五十八次会议通过　2021 年 8 月 9 日最高人民法院、最高人民检察院公告公布　自 2021 年 8 月 11 日起施行　法释〔2021〕16 号）

为依法惩治窝藏、包庇犯罪，根据《中华人民共和国刑法》《中华人民共和国刑事诉讼法》的有关规定，结合司法工作实际，现就办理窝藏、包庇刑事案件适用法律的若干问题解释如下：

**第一条**　明知是犯罪的人，为帮助其逃匿，实施下列行为之一的，应当依照刑法第三百一十条第一款的规定，以窝藏罪定罪处罚：

（一）为犯罪的人提供房屋或者其他可以用于隐藏的处所的；

（二）为犯罪的人提供车辆、船只、航空器等交通工具，或者提供手机等通讯工具的；

（三）为犯罪的人提供金钱的；

（四）其他为犯罪的人提供隐藏处所、财物，帮助其逃匿的情形。

保证人在犯罪的人取保候审期间，协助其逃匿，或者明知犯罪

的人的藏匿地点、联系方式,但拒绝向司法机关提供的,应当依照刑法第三百一十条第一款的规定,对保证人以窝藏罪定罪处罚。

虽然为犯罪的人提供隐藏处所、财物,但不是出于帮助犯罪的人逃匿的目的,不以窝藏罪定罪处罚;对未履行法定报告义务的行为人,依法移送有关主管机关给予行政处罚。

**第二条** 明知是犯罪的人,为帮助其逃避刑事追究,或者帮助其获得从宽处罚,实施下列行为之一的,应当依照刑法第三百一十条第一款的规定,以包庇罪定罪处罚:

(一)故意顶替犯罪的人欺骗司法机关的;

(二)故意向司法机关作虚假陈述或者提供虚假证明,以证明犯罪的人没有实施犯罪行为,或者犯罪的人所实施行为不构成犯罪的;

(三)故意向司法机关提供虚假证明,以证明犯罪的人具有法定从轻、减轻、免除处罚情节的;

(四)其他作假证明包庇的行为。

**第三条** 明知他人有间谍犯罪或者恐怖主义、极端主义犯罪行为,在司法机关向其调查有关情况、收集有关证据时,拒绝提供,情节严重的,依照刑法第三百一十一条的规定,以拒绝提供间谍犯罪、恐怖主义犯罪、极端主义犯罪证据罪定罪处罚;作假证明包庇的,依照刑法第三百一十条的规定,以包庇罪从重处罚。

**第四条** 窝藏、包庇犯罪的人,具有下列情形之一的,应当认定为刑法第三百一十条第一款规定的"情节严重":

(一)被窝藏、包庇的人可能被判处无期徒刑以上刑罚的;

(二)被窝藏、包庇的人犯危害国家安全犯罪、恐怖主义或者极端主义犯罪,或者系黑社会性质组织犯罪的组织者、领导者,且可能被判处十年有期徒刑以上刑罚的;

(三)被窝藏、包庇的人系犯罪集团的首要分子,且可能被判处十年有期徒刑以上刑罚的;

(四)被窝藏、包庇的人在被窝藏、包庇期间再次实施故意犯

罪,且新罪可能被判处五年有期徒刑以上刑罚的;

(五)多次窝藏、包庇犯罪的人,或者窝藏、包庇多名犯罪的人的;

(六)其他情节严重的情形。

前款所称"可能被判处"刑罚,是指根据被窝藏、包庇的人所犯罪行,在不考虑自首、立功、认罪认罚等从宽处罚情节时应当依法判处的刑罚。

**第五条** 认定刑法第三百一十条第一款规定的"明知",应当根据案件的客观事实,结合行为人的认知能力,接触被窝藏、包庇的犯罪人的情况,以及行为人和犯罪人的供述等主、客观因素进行认定。

行为人将犯罪的人所犯之罪误认为其他犯罪的,不影响刑法第三百一十条第一款规定的"明知"的认定。

行为人虽然实施了提供隐藏处所、财物等行为,但现有证据不能证明行为人知道犯罪的人实施了犯罪行为的,不能认定为刑法第三百一十条第一款规定的"明知"。

**第六条** 认定窝藏、包庇罪,以被窝藏、包庇的人的行为构成犯罪为前提。

被窝藏、包庇的人实施的犯罪事实清楚,证据确实、充分,但尚未到案、尚未依法裁判或者因不具有刑事责任能力依法未予追究刑事责任的,不影响窝藏、包庇罪的认定。但是,被窝藏、包庇的人归案后被宣告无罪的,应当依照法定程序宣告窝藏、包庇行为人无罪。

**第七条** 为帮助同一个犯罪的人逃避刑事处罚,实施窝藏、包庇行为,又实施洗钱行为,或者掩饰、隐瞒犯罪所得及其收益行为,或者帮助毁灭证据行为,或者伪证行为的,依照处罚较重的犯罪定罪,并从重处罚,不实行数罪并罚。

**第八条** 共同犯罪人之间互相实施的窝藏、包庇行为,不以窝藏、包庇罪定罪处罚,但对共同犯罪以外的犯罪人实施窝藏、包庇行为的,以所犯共同犯罪和窝藏、包庇罪并罚。

**第九条** 本解释自 2021 年 8 月 11 日起施行。

附：

# 2021年8月份报国务院备案并予以登记的地方性法规、自治条例、单行条例和地方政府规章目录

## 地方性法规

| 法规名称 | 公布日期 | 备案登记编号 |
| --- | --- | --- |
| 石家庄市人民代表大会常务委员会关于修改《石家庄市出租汽车管理条例》的决定 | 2021年6月2日 | 国司备字［2021004409］ |
| 唐山市人民代表大会常务委员会关于废止《唐山市农作物种子管理办法》的决定 | 2021年5月31日 | 国司备字［2021004413］ |
| 唐山市集中式饮用水水源地保护管理条例 | 2021年5月31日 | 国司备字［2021004414］ |
| 邯郸市跃峰渠保护条例 | 2021年6月4日 | 国司备字［2021004408］ |
| 廊坊市国土绿化条例 | 2021年5月31日 | 国司备字［2021004411］ |
| 邢台市传统村落保护条例 | 2021年6月8日 | 国司备字［2021004412］ |
| 张家口市物业管理条例 | 2021年6月8日 | 国司备字［2021004415］ |
| 丰宁满族自治县旅游业管理条例 | 2021年6月8日 | 国司备字［2021004417］ |
| 孟村回族自治县管道装备制造业发展条例 | 2021年6月10日 | 国司备字［2021004416］ |
| 辽宁省地方储备粮管理条例 | 2021年5月27日 | 国司备字［2021004424］ |
| 辽宁省水利工程管理条例 | 2021年5月27日 | 国司备字［2021004425］ |

续表

| 法规名称 | 公布日期 | 备案登记编号 |
| --- | --- | --- |
| 辽宁省惩戒严重失信行为规定 | 2021 年 5 月 27 日 | 国司备字［2021004426］ |
| 辽宁省海洋渔业船舶导航安全设备使用暂行规定 | 2021 年 5 月 27 日 | 国司备字［2021004427］ |
| 辽宁省人民代表大会常务委员会关于废止《辽宁省盐业管理条例》的决定 | 2021 年 5 月 27 日 | 国司备字［2021004428］ |
| 辽宁省人民代表大会常务委员会关于修改《辽宁省社会组织管理条例》等 6 件地方性法规的决定 | 2021 年 5 月 27 日 | 国司备字［2021004429］ |
| 沈阳市人民代表大会常务委员会关于废止《沈阳市民营科技企业促进条例》的决定 | 2021 年 6 月 10 日 | 国司备字［2021004430］ |
| 大连市控制吸烟条例 | 2021 年 4 月 9 日 | 国司备字［2021004433］ |
| 大连市社会信用条例 | 2021 年 4 月 9 日 | 国司备字［2021004434］ |
| 抚顺市气象灾害防御条例 | 2021 年 5 月 27 日 | 国司备字［2021004431］ |
| 抚顺市人大常委会关于废止《抚顺市社会治安综合治理条例》的决定 | 2021 年 5 月 27 日 | 国司备字［2021004432］ |
| 本溪湖工业遗产群保护条例 | 2021 年 4 月 12 日 | 国司备字［2021004435］ |
| 本溪市绿色矿山建设条例 | 2021 年 4 月 12 日 | 国司备字［2021004436］ |
| 丹东市文明行为促进条例 | 2021 年 4 月 16 日 | 国司备字［2021004437］ |
| 丹东市河道管理条例 | 2021 年 4 月 19 日 | 国司备字［2021004438］ |
| 营口市河流水污染防治条例 | 2021 年 4 月 15 日 | 国司备字［2021004439］ |
| 铁岭市城市市容和环境卫生管理条例 | 2021 年 4 月 8 日 | 国司备字［2021004442］ |

续表

| 法规名称 | 公布日期 | 备案登记编号 |
| --- | --- | --- |
| 朝阳市城市房地产开发经营管理规定 | 2021 年 7 月 1 日 | 国司备字［2021004419］ |
| 盘锦市房屋建筑和市政基础设施工程质量管理条例 | 2021 年 4 月 16 日 | 国司备字［2021004445］ |
| 葫芦岛市城市供热条例 | 2021 年 4 月 12 日 | 国司备字［2021004444］ |
| 新宾满族自治县中华蜜蜂品种资源保护条例 | 2021 年 7 月 21 日 | 国司备字［2021004420］ |
| 厦门经济特区城市综合管理条例 | 2021 年 2 月 26 日 | 国司备字［2021004449］ |
| 江西省生活垃圾管理条例 | 2021 年 7 月 28 日 | 国司备字［2021004418］ |
| 湖南省绿色建筑发展条例 | 2021 年 7 月 30 日 | 国司备字［2021004410］ |
| 长沙市居家养老服务条例 | 2021 年 6 月 4 日 | 国司备字［2021004422］ |
| 汕头经济特区生活垃圾分类管理条例 | 2021 年 6 月 30 日 | 国司备字［2021004421］ |
| 广西壮族自治区农村供水用水条例 | 2021 年 3 月 26 日 | 国司备字［2021004450］ |
| 广西壮族自治区劳动人事争议调解仲裁条例 | 2021 年 5 月 26 日 | 国司备字［2021004458］ |
| 广西壮族自治区预防未成年人犯罪条例 | 2021 年 5 月 26 日 | 国司备字［2021004459］ |
| 广西壮族自治区人民代表大会常务委员会关于修改《广西壮族自治区实施〈中华人民共和国水法〉办法》等四件地方性法规和废止《广西壮族自治区木材运输管理条例》的决定 | 2021 年 5 月 26 日 | 国司备字［2021004461］ |
| 南宁市人民代表大会常务委员会关于废止《南宁市公共食（饮）具卫生管理条例》等五件地方性法规的决定 | 2021 年 4 月 20 日 | 国司备字［2021004457］ |

续表

| 法规名称 | 公布日期 | 备案登记编号 |
| --- | --- | --- |
| 梧州市农贸市场管理条例 | 2021年4月9日 | 国司备字［2021004452］ |
| 玉林市苏烟水库饮用水水源保护条例 | 2021年4月21日 | 国司备字［2021004451］ |
| 防城港市城市建筑垃圾管理条例 | 2021年4月18日 | 国司备字［2021004455］ |
| 河池市天然优质饮用水资源保护条例 | 2021年4月9日 | 国司备字［2021004453］ |
| 崇左市烟花爆竹燃放管理条例 | 2021年4月18日 | 国司备字［2021004454］ |
| 恭城瑶族自治县森林资源管理条例 | 2021年6月4日 | 国司备字［2021004423］ |
| 海口市人民代表大会常务委员会关于修改《海口市燃气管理条例》的决定 | 2021年3月31日 | 国司备字［2021004446］ |
| 三亚市历史文化名镇名村保护条例 | 2021年5月6日 | 国司备字［2021004447］ |
| 三沙市人民代表大会常务委员会议事规则 | 2021年5月1日 | 国司备字［2021004448］ |
| 成都市邮政管理条例 | 2021年6月7日 | 国司备字［2021004403］ |
| 成都市会展业促进条例 | 2021年6月7日 | 国司备字［2021004404］ |
| 资阳市中心城区山体保护条例 | 2021年6月17日 | 国司备字［2021004407］ |
| 马边彝族自治县人居环境综合治理条例 | 2021年6月10日 | 国司备字［2021004405］ |
| 马边彝族自治县立法条例 | 2021年6月10日 | 国司备字［2021004406］ |
| 甘肃省中医药条例 | 2021年3月31日 | 国司备字［2021004465］ |

续表

| 法规名称 | 公布日期 | 备案登记编号 |
| --- | --- | --- |
| 甘肃省土壤污染防治条例 | 2021年3月31日 | 国司备字［2021004466］ |
| 甘肃省实施《中华人民共和国森林法》办法 | 2021年3月31日 | 国司备字［2021004467］ |
| 甘肃省人民代表大会常务委员会关于修改《甘肃省实施〈中华人民共和国全国人民代表大会和地方各级人民代表大会选举法〉细则》的决定 | 2021年3月31日 | 国司备字［2021004469］ |
| 甘肃省人民代表大会常务委员会关于废止《甘肃省合同监督管理条例》的决定 | 2021年3月31日 | 国司备字［2021004470］ |
| 甘肃省人民代表大会常务委员会关于废止《甘肃省实施〈中华人民共和国煤炭法〉办法》的决定 | 2021年3月31日 | 国司备字［2021004471］ |
| 甘肃省人民代表大会常务委员会关于废止《甘肃省农民承担费用和劳务监督管理办法》《甘肃省农业综合开发条例》的决定 | 2021年3月31日 | 国司备字［2021004472］ |
| 甘肃省人民代表大会常务委员会关于废止《甘肃省土地监督检查条例》《甘肃省基础设施建设征用土地办法》的决定 | 2021年3月31日 | 国司备字［2021004473］ |
| 甘肃省人民代表大会常务委员会关于废止《甘肃省全民义务植树条例》《甘肃省森林公园管理条例》的决定 | 2021年3月31日 | 国司备字［2021004474］ |
| 兰州市人民代表大会常务委员会关于修改《兰州市无公害蔬菜管理条例》等三部法规的决定 | 2021年4月14日 | 国司备字［2021004481］ |
| 天水市养犬管理条例 | 2021年4月25日 | 国司备字［2021004478］ |
| 白银市养犬管理条例 | 2021年4月20日 | 国司备字［2021004479］ |
| 定西市人大常委会关于修改《定西市河道生态环境保护条例》的决定 | 2021年5月6日 | 国司备字［2021004480］ |

# 地方政府规章

| 规章名称 | 公布日期 | 备案登记编号 |
| --- | --- | --- |
| 山西省人民政府关于废止《山西省契税实施办法》的决定 | 2021 年 7 月 10 日 | 国司备字[2021004483] |
| 呼和浩特市人民政府拟定地方性法规草案和制定政府规章程序规定 | 2021 年 7 月 23 日 | 国司备字[2021004468] |
| 沈阳市人民政府关于修改《沈阳市生活垃圾分类管理办法》的决定 | 2021 年 7 月 20 日 | 国司备字[2021004456] |
| 吉林省省级储备粮管理办法 | 2021 年 7 月 30 日 | 国司备字[2021004443] |
| 鸡西市人民政府立法工作规定 | 2021 年 8 月 11 日 | 国司备字[2021004482] |
| 鸡西市人民政府关于修改《鸡西市城市餐厨废弃物管理办法》的决定 | 2021 年 8 月 18 日 | 国司备字[2021004491] |
| 上海市盐业管理规定 | 2021 年 7 月 29 日 | 国司备字[2021004495] |
| 上海市水域市容环境卫生管理规定 | 2021 年 6 月 30 日 | 国司备字[2021004396] |
| 上海市人民政府关于加强本市消防监督执法工作的决定 | 2021 年 7 月 2 日 | 国司备字[2021004397] |
| 杭州市质量促进办法 | 2021 年 8 月 13 日 | 国司备字[2021004484] |
| 济宁市人民政府关于修改《济宁市政府规章制定程序规定》的决定 | 2021 年 7 月 7 日 | 国司备字[2021004394] |
| 关于调整法律服务业行政权力事项受理(初审)权限的决定 | 2021 年 7 月 18 日 | 国司备字[2021004390] |
| 聊城市政府规章制定程序规定 | 2021 年 8 月 9 日 | 国司备字[2021004487] |
| 滨州市工程建设领域保障农民工工资支付办法 | 2021 年 8 月 12 日 | 国司备字[2021004496] |

续表

| 规章名称 | 公布日期 | 备案登记编号 |
| --- | --- | --- |
| 湖北省人民政府关于修改和废止部分规章的决定 | 2021年7月18日 | 国司备字［2021004485］ |
| 鄂州市人民政府关于修改《鄂州市物业管理实施办法》的决定 | 2021年7月7日 | 国司备字［2021004400］ |
| 广东省地震预警管理办法 | 2020年8月7日 | 国司备字［2021004441］ |
| 广东省教育教学成果奖励办法 | 2021年7月9日 | 国司备字［2021004475］ |
| 广东省防御雷电灾害管理规定 | 2021年7月7日 | 国司备字［2021004476］ |
| 广东省职工生育保险规定 | 2021年7月29日 | 国司备字［2021004486］ |
| 深圳市人民政府关于废止《〈深圳经济特区物业管理条例〉实施若干规定》的决定 | 2021年7月1日 | 国司备字［2021004389］ |
| 汕头市人民政府关于废止和修改部分市政府规章的决定 | 2021年7月21日 | 国司备字［2021004462］ |
| 中山市生活垃圾分类管理办法 | 2021年6月30日 | 国司备字［2021004391］ |
| 揭阳市户外广告和招牌设置管理办法 | 2021年7月29日 | 国司备字［2021004440］ |
| 汕尾市电动自行车管理暂行办法 | 2021年6月5日 | 国司备字［2021004402］ |
| 广西壮族自治区人民政府关于修改《广西壮族自治区行政规范性文件制定程序规定》的决定 | 2021年7月18日 | 国司备字［2021004387］ |
| 玉林市电动自行车停放充电场所消防安全管理办法 | 2021年6月24日 | 国司备字［2021004395］ |
| 海南省人民政府关于将部分省级管理权限调整由重点园区管理机构实施的决定 | 2021年6月22日 | 国司备字［2021004392］ |
| 成都天府文化公园管理暂行办法 | 2021年7月12日 | 国司备字［2021004399］ |

续表

| 规章名称 | 公布日期 | 备案登记编号 |
| --- | --- | --- |
| 贵阳市人民政府关于修改《贵阳市结建防空地下室维护管理规定》等43件规章的决定 | 2021年7月23日 | 国司备字［2021004494］ |
| 昆明市社会医疗保险监督管理规定 | 2021年7月14日 | 国司备字［2021004463］ |
| 丽江市人民政府关于修改《丽江市漾弓江流域水环境保护办法》的决定 | 2021年7月18日 | 国司备字［2021004464］ |
| 西宁市重大行政决策程序暂行规定 | 2021年6月24日 | 国司备字［2021004398］ |
| 乌鲁木齐市人民政府关于废止《乌鲁木齐市行政规范性文件管理规定》的决定 | 2021年7月1日 | 国司备字［2021004388］ |

**图书在版编目(CIP)数据**

中华人民共和国新法规汇编. 2021年. 第9辑:总第295辑/司法部编. —北京:中国法制出版社,2021.12

ISBN 978-7-5216-2369-7

Ⅰ. ①中… Ⅱ. ①司… Ⅲ. ①法规-汇编-中国-2021 Ⅳ. ①D920.9

中国版本图书馆CIP数据核字(2021)第264998号

**中华人民共和国新法规汇编**

ZHONGHUA RENMIN GONGHEGUO XIN FAGUI HUIBIAN

(2021年第9辑)

编者/司法部

经销/新华书店

印刷/三河市紫恒印装有限公司

开本/850毫米×1168毫米　32开　　印张/7.5　字数/165千

版次/2021年12月第1版　　2021年12月第1次印刷

---

中国法制出版社出版

书号 ISBN 978-7-5216-2369-7　　定价:18.00元

北京市西城区西便门西里甲16号西便门办公区

邮政编码:100053　　传真:010-63141852

**网址:http://www.zgfzs.com**　　**编辑部电话:010-63141663**

**市场营销部电话:010-63141612**　　**印务部电话:010-63141606**

(如有印装质量问题,请与本社印务部联系。)